Kama Sutra

Kama Sutra

Der sinnliche Weg

unipart

Adaptiert von *The Kama Sutra of Vatsyayana,* übersetzt von Sir Richard Burton

Das „Kamasutra“ gehört zu den bedeutendsten Werken der Weltkulturgeschichte zum Thema Liebeskunst. Die im Werk enthaltenen Informationen, Praktiken und Ratschläge sind jedoch nur bedingt zur Nachahmung geeignet. Die in den Rezepturen angegebenen Zutaten können giftig sein. Der Verlag, seine Mitarbeiter sowie Autoren und Übersetzer des Werkes übernehmen keinerlei Haftung für Schäden, die durch oder im Zusammenhang mit den Inhalten des Werkes entstehen.

Kamasutra – der sinnliche Weg
Unipart bei area
Genehmigte Sonderausgabe für area verlag gmbh, Erftstadt

Alle Illustrationen mit freundlicher Genehmigung durch The Bridgeman Art Library International,
mit Ausnahme der S. 19, mit freundlicher Genehmigung durch PhotoDisc, und S. 25 & 123,
mit freundlicher Genehmigung durch Victoria & Albert Museum, London/Art Resource, NY
Übersetzung aus dem Englischen: Scriptorium Köln, Brigitte Rüßmann & Wolfgang Beuchelt
www.scriptorium.de
Lektorat und Koordination der deutschen Ausgabe: TTScript, Köln
www.ttscript.de
Einbandgestaltung: Bille Fuchs, Köln
Einbandabbildung: The Bridgeman Art Library International
Layout: Sheila Hart Design
Printed in China 2006

ISBN-13 978-3-89996-638-1
ISBN-10 3-89996-638-4

www.area-verlag.de

INHALT

GESELLSCHAFTLICHE REGELN

Über die drei Lebensziele Dharma, Artha und Kama

Der Mensch, dessen Lebensdauer einhundert Jahre beträgt, sollte sich Dharma, Artha und Kama zu unterschiedlichen Zeiten und in einer Weise widmen, dass sie miteinander harmonieren. In seiner Kindheit soll er Wissen erwerben, in seiner Jugend und seinen mittleren Jahren soll er sich Artha und Kama widmen und im Alter sollte er sich Dharma zuwenden, um Moksha, die Erlösung von der Seelenwanderung, zu erfahren. Da das Leben aber unsicher ist, kann er sich diesen drei Lebenszielen auch zuwenden, wenn es sich gerade anbietet. Er muss aber das Leben eines frommen Studenten führen, bis er seine Ausbildung abgeschlossen hat.

Dharma ist der Gehorsam gegenüber den Vorschriften der Shastra, der Heiligen Schriften der Hindus, die bestimmte Dinge wie das Darbringen von Opfern vorschreiben, die manchmal unterbleiben, weil sie nicht zu dieser Welt gehören und keine sichtbare Wirkung entfalten. Andere Dinge, wie der Verzehr von Fleisch, sind wiederum verboten, weil sie zu dieser Welt gehören und sichtbare Wirkung haben.

Dharma sollte aus den Shruti (Heiligen Schriften) und von Menschen gelernt werden, die damit geübt sind.

Artha ist der Erwerb von Kunstfertigkeiten, Ländereien, Gold, Vieh, Wohlstand, Wagen und Freunden. Es ist ebenso der Schutz des Erworbenen und die Mehrung des Beschützten.

خلوت شاهزاده محمد اکبر ولد اورنگ زیب
عمل رشید

Artha sollte man von den Beamten des Königs und von erfahrenen Kaufleuten erlernen.

Kama ist der Genuss angemessener Dinge durch die fünf Sinne des Hörens, Fühlens, Sehens, Schmeckens und Riechens, unterstützt durch Geist und Seele. Von besonderer Bedeutung ist die Beziehung zwischen Sinnesorgan und Gegenstand, und das Bewusstsein des daraus entspringenden Vergnügens nennt man Kama.

Kama lernt man von den Kamasutra (den Aphorismen der Liebe) und aus der praktischen Übung.

Wenn alle drei, Dharma, Artha und Kama zusammenkommen, ist das Vorhergehende immer besser als das Folgende. Dharma ist also besser als Artha und Artha ist besser als Kama. Ein König sollte allerdings immer zuerst Artha praktizieren, da nur dies das Überleben seiner Untertanen garantiert. Kurtisanen hingegen sollten Kama den anderen beiden vorziehen. Beide Fälle sind Ausnahmen von der allgemeinen Regel.

Einspruch

Einige Gelehrte sagen, da Dharma mit Dingen verbunden ist, die nicht zu dieser Welt gehören, behandele man es am besten in einem Buch. Das gelte auch für Artha, da es nur durch die Anwendung geeigneter Mittel geübt werden und das Wissen um diese Mittel nur durch Beobachtung und aus Büchern erworben werden kann. Kama aber sei etwas, das selbst von der geistlosen Schöpfung ausgeübt werde und überall zu finden sei, weshalb es kein Werk über dieses Thema brauche.

Antwort

Das stimmt nicht. Die sexuelle Vereinigung hängt von Mann und Frau ab und erfordert von beiden die Anwendung entsprechender Mittel, deren Kenntnis aus den Kama Shastra erworben werden kann. Dass diese Mittel nicht angewendet werden, wie bei den dummen Tieren, liegt daran, dass sie unbeherrscht sind, daran, dass die Weibchen nur zu bestimmten Zeiten im Jahr fruchtbar sind, und daran, dass ihrer Vereinigung keinerlei Überlegung vorausgeht.

Einspruch

Die Lokayatika[1] sagen: Religiöse Pflichten sollten nicht erfüllt werden, da sie erst in der Zukunft Frucht tragen und es außerdem fraglich ist, ob sie überhaupt fruchten. Welcher Narr wird weggeben, was er bereits in der Hand hält? Außerdem ist es besser, heute eine Taube zu haben, als morgen einen Pfau. Eine Kupfermünze, deren Besitz uns sicher ist, ist besser als eine Goldmünze, deren Erwerb zweifelhaft scheint.

Antwort

Das ist falsch. Erstens erlauben die Heiligen Schriften, die die Ausübung von Dharma vorschreiben, keinen Zweifel.

Zweitens ist bewiesen, dass Opfer, die zur Überwindung eines Feindes oder für den Regenfall gemacht werden, Frucht tragen.

Drittens machen Sonne, Mond, Sterne, Planeten und andere Himmelskörper den Eindruck, bewusst zum Guten der Welt zu wirken.

Viertens hängt die Existenz dieser Welt von der Beachtung der Gesetze

1 Diese waren mit Sicherheit Materialisten, die glaubten, ein Vogel in der Hand sei soviel wert wie zwei im Strauch.

über die vier Kasten[2] der Menschen und die vier Lebensstufen ab.

Fünftens sehen wir, dass Samen in den Boden gesät wird, in der Hoffnung auf zukünftige Ernten.

Vatsyayana ist daher der Überzeugung, dass die religiösen Regeln beachtet werden müssen.

Einspruch

Jene, die die Bestimmung als treibende Macht hinter allem sehen, sagen: Wir sollten uns nicht mühen, Reichtum zu erlangen, denn manchmal bleibt er trotz aller Mühen aus, während er zu anderen Zeiten ganz ohne unser Zutun zu uns kommt. Deshalb liegt alles in der Macht der Bestimmung, die über Gewinn und Verlust, über Erfolg und Niederlage, über Vergnügen und Schmerz bestimmt. Somit sehen wir, dass Bali[3] von der

Bestimmung auf den Thron Indras erhoben und von der gleichen Macht niedergeworfen wurde, die ihn auch als Einzige wieder einsetzen kann.

Antwort

Das darf man so nicht sagen. Da der Erwerb jedes Objekts immer eine gewisse Mühe seitens des Menschen erfordert, kann man die Anwendung der geeigneten Mittel als Ursache für die Erlangung all unserer Ziele sehen. Damit ist die Anwendung der geeigneten Mittel notwendig (selbst, wenn ein Ereignis durch die Bestimmung bedingt wird), woraus folgt, dass ein Mensch, der untätig ist, kein Glück erfahren wird.

Einspruch

Diejenigen, die Artha für das wichtigste Ziel erachten, argumentieren so: Vergnügungen sollten

2 Zu den vier Kasten der Hindus zählen die Brahmanen (die Priester), die Kshatriya (die Krieger), die Vaishya (die Kaufleute und Bauern) und die Shudra (die Diener). Die vier Lebensstufen sind: das Leben eines Religionsschülers (Brahmacarin), das Leben des Haushaltsvorstands (Grihastha), das Leben eines Waldbewohners (Vanaprastha) und das Leben eines wandernden Asketen (Sannyasin).

3 Bali war ein Dämon, der Indra vom Thron gestoßen hatte, aber später von Vishnu in seiner fünften Inkarnation überwunden wurde.

gemieden werden, da sie Hindernisse für Dharma und Artha darstellen, die ihnen beide überlegen sind. Daher werden ehrenwerte Personen sie meiden. Vergnügen bringen Menschen zudem in Schwierigkeiten und in Kontakt mit niederen Personen. Sie verleiten sie zu unreinen Taten, lassen sie die Zukunft aus den Augen verlieren und fördern Sorglosigkeit und Leichtsinn. Schließlich führen sie dazu, dass dem Menschen niemand mehr glaubt, dass niemand ihn empfängt und dass jeder ihn verachtet, einschließlich seiner selbst. Es ist außerdem bekannt, dass viele Menschen, die sich den Vergnügungen anheim gegeben haben, zusammen mit ihren Familien und

Kama ist der Genuss angemessener Dinge durch die fünf Sinne.

Der Mensch,
dessen Lebensdauer
einhundert Jahre
beträgt, sollte sich
Dharma, Artha und
Kama zu unter-
schiedlichen Zeiten
und in einer Weise
widmen, dass sie
miteinander
harmonieren.

Verwandten ruiniert wurden. So entführte König Dandakya[4] aus der Bhoja-Dynastie in böswilliger Absicht die Tochter eines Brahmanen, wurde in der Folge ruiniert und verlor schließlich sein Königreich. Auch Indra, der die Keuschheit der Ahalya[5] verletzt hatte, musste dafür leiden. Ebenso wurden der mächtige Kichaka[6], der Draupadi zu verführen suchte, und Ravana[7], der Sita gewinnen wollte, beide für ihre Verbrechen bestraft. Sie und viele andere stürzten über ihre Vergnügungen.

Antwort

Dieser Einspruch ist unhaltbar, da Vergnügungen ebenso wichtig für die Existenz und das Wohlergehen des Körpers sind wie Nahrung. Außerdem sind sie ein Resultat von Dharma und Artha, weshalb man Vergnügungen

4 Dandakya soll die Tochter eines Brahmanen namens Bhargava aus dem Wald entführt haben. Er wurde von dem Brahmanen verflucht und mit seinem Königreich unter einer Staubwolke begraben. Der nach ihm benannte Dandaka-Wald wird in der Ramayana noch gefeiert, ist aber heute in Vergessenheit geraten.

5 Ahalya war die Frau des Weisen Gautama. Indra machte sie glauben, er sei Gautama und nahm sie. Er wurde von Gautama verflucht und in der Folge von tausend Geschwüren heimgesucht.

mit Maß und Vorsicht nachgehen soll. Niemand verzichtet auf das Kochen von Speisen, weil Bettler danach fragen, oder auf das Säen von Korn, weil Rehe die Ernte bedrohen.

Also genießt ein Mensch, der sich Dharma, Artha und Kama widmet, Freude sowohl in dieser Welt als auch in der kommenden. Die Guten vollbringen ihre Handlungen so, dass sie ihre Folgen in der nächsten Welt nicht fürchten müssen, und dass ihr Wohlergehen nicht gefährdet wird. Jede Handlung, die Dharma, Artha und Kama – oder auch nur zwei oder eines von ihnen – fördert, sollte unternommen werden, aber eine Handlung, die eines dieser Ziele zum Nachteil der anderen beiden fördert, hat zu unterbleiben.

6 Kichaka war der Schwager von König Virata, bei dem die Pandavas für ein Jahr Zuflucht fanden. Kichaka wurde von dem als Draupadi verkleideten Bhima ermordet. Diese Geschichte findet sich in Gänze im Mahabharata.

7 Die Geschichte Ravanas wird im Ramayana erzählt. Ramayana und Mahabharata sind die beiden großen Epen der Hindus. Ersteres wurde von Valmiki verfasst, Letzteres von Vyasa.

Über die zu erlernenden Künste und Wissenschaften

Der Mensch soll das Kamasutra und alle ihm zugeordneten Künste und Wissenschaften studieren, sowie die Künste und Wissenschaften, die Dharma und Artha zugehören. Selbst junge Mädchen sollten das Kamasutra mit seinen Künsten und Wissenschaften vor der Hochzeit studieren und damit fortfahren, soweit ihr Ehemann dies gestattet.

Hier widersprechen einige Gelehrte, dass Frauen, denen kein Studium erlaubt ist, auch das Kamasutra nicht studieren dürfen.

Aber Vatsyayana meint, dass dieser Widerspruch nicht taugt, weil Frauen die Praxis des Kamasutra bereits kennen, und diese Praxis aus dem Kama Shastra, der Wissenschaft vom Kama selbst, stammt. Außerdem ist es in vielen Fällen so, dass die praktische Anwendung einer Wissenschaft allen bekannt ist, auch wenn nur wenige mit den Regeln und Gesetzen dieser Wissenschaft vertraut sind. So verwenden die Yajnikas, die Opferpriester, die richtigen Wörter bei der Anrufung verschiedener Götter, ohne die Grammatik zur Bildung dieser Wörter zu kennen. Auch erfüllen Personen die erforderlichen Rituale an den von der Astrologie festgelegten Tagen, ohne die Wissenschaft der Astrologie zu beherrschen. Auf gleiche Weise bilden Reiter von Pferden und Elefanten diese Tiere nur aufgrund praktischer

„Selbst
junge Mädchen
sollten das Kama-
sutra mit seinen
Künsten und Wissen-
schaften vor der
Hochzeit studieren
und damit fortfahren,
soweit ihr Ehemann
dies gestattet.“

Übung aus, ohne die Wissenschaft der Dressur zu beherrschen. Gleichermaßen beachten die Menschen in den entferntesten Provinzen die Gesetze des Königreichs aus der täglichen Erfahrung heraus und weil ein König über ihnen existiert.[1] Aus der Erfahrung wissen wir, dass manche Frauen, wie die Töchter von Prinzen und ihren Ministern und Kurtisanen, tatsächlich äußerst bewandert in den Kama Shastra sind.

> Eine Frau sollte daher die Kama Shastra … von einer vertrauten Freundin erlernen.

Eine Frau sollte daher die Kama Shastra zumindest teilweise in der Praxis von einer vertrauten Freundin erlernen. Sie sollte alleine und privat die vierundsechzig Fächer der Kama Shastra erlernen. Ihre Lehrerin sollte eine der folgenden Personen sein: die Tochter einer Amme, die mit ihr aufgewachsen und bereits verheiratet ist[2], eine in allen Belangen vertrauenswürdige Freundin, eine Tante, eine alte Dienerin, eine Bettlerin, die früher in der Familie gelebt hat, oder ihre Schwester, die immer vertrauenswürdig ist.

Dies sind die Künste, die zusammen mit dem Kama Shastra zu studieren sind:

1 Gesang.

2 Beherrschung eines Musikinstruments.

3 Tanz.

4 Verbindung von Tanz, Gesang und Instrumentalspiel.

1 Der Autor möchte belegen, dass Menschen viele Dinge aus Übung und Gewohnheit heraus beherrschen, ohne mit den Regeln und Gesetzmäßigkeiten, die diesen Dingen zu Grunde liegen, vertraut zu sein. Daran kann nicht der leiseste Zweifel bestehen.

2 Die Voraussetzung des Verheiratetseins gilt für alle Lehrerinnen.

5 Schreiben und Zeichnen.

6 Tätowierung.

7 Dekorieren einer Götterstatue mit Reis und Blumen.

8 Dekoratives Auslegen von Blütenteppichen und -lagern.

9 Färben und Bemalen der Zähne, Kleider, Haare, Nägel und des Körpers.

10 Legen von Glasmosaiken.

11 Kunstvolles Vorbereiten des Betts und Arrangieren von Teppichen und Kissen zum bequemen Niederliegen.

12 Spielen der Glasharfe.

13 Sammeln und Lagern von Wasser mittels Aquädukten, Zisternen und Tanks.

14 Bilder malen, rahmen und aufhängen.

15 Anfertigen von Rosenkränzen, Halsketten, Girlanden und Kränzen.

16 Binden von Turbanen und Haarkränzen und Anfertigung von Kopfschmuck.

17 Schauspielerei.

18 Anfertigung von Ohrschmuck.

19 Zusammenstellung von Parfüms und Duftessenzen.

20 Angemessene Verwendung von Juwelen und Accessoires.

21 Zauberei.

22 Schnelligkeit und Geschicklichkeit in Handarbeiten.

23 Kochkunst.

24 Zubereitung von Limonaden, Sorbets, herben Erfrischungsgetränken und Ansätzen mit Alkohol von ansprechendem Aroma und schöner Farbe.

25 Schneiderhandwerk und Näherei.

26 Papageien, Blumen, Quasten, Bossen, Knöpfe und so weiter aus Garn oder Faden knüpfen.

27 Lösen von Rätseln und Rätselfragen.

Ihre Lehrerin sollte eine der folgenden Personen sein: die Tochter einer Amme, die mit ihr aufgewachsen ist, oder eine absolut vertrauenswürdige Freundin.

28 Beherrschung des Versespiels, bei dem eine Person den Vers einer anderen Person wiederholt, wobei dieser Vers mit dem Buchstaben beginnen muss, mit dem der letzte Redner geendet hat. Der Verlierer muss eine Strafe bezahlen oder ein Pfand geben.

29 Die Kunst der Mimikry und der Imitation.

30 Kunstvolles Vorlesen, inklusive Gesang und Intonation.

31 Studium von Zungenbrechersätzen. Dies wird hauptsächlich von Frauen und Kindern als Spiel gespielt. Es geht darum, einen schwierigen Satz schnell und vor allem fehlerfrei zu wiederholen.

32 Übung mit Schwert, Stock, Stab und Pfeil und Bogen.

33 Intelligente Schlussfolgerungen ziehen.

34 Zimmerei.

35 Architektur.

36 Einschätzung von Gold- und Silbermünzen sowie von Juwelen und Edelsteinen.

37 Chemie und Mineralogie.

38 Färben von Juwelen, Edelsteinen und Perlen.

39 Kenntnis von Minen und Steinbrüchen.

40 Gärtnerei. Wissen um die Krankheiten von Bäumen und Pflanzen, ihre Ernährung und Altersbestimmung.

41 Ausrichtung von Hahnen-, Wachtel- und Widderkämpfen.

42 Unterrichtung von Papageien und Staren im Sprechen.

43 Die Kunst, den Körper und die Haare mit duftenden Salben zu schmücken und die Haare kunstvoll zu flechten.

44 Kenntnis und Anwendung von Geheimschriften.

45 Die Kunst, im Sprechen die Form von Wörtern zu verändern, entweder durch Veränderung der Anfänge und Endungen von Wörtern, durch Hinzufügen überflüssiger Buchstaben zwischen zwei Silben eines Wortes und so weiter.

46 Kenntnis von Fremdsprachen und einheimischen Dialekten.

47 Die Kunst, Wagen mit Blumenschmuck zu verschönern.

48 Die Kunst, mystische Diagramme zu zeichnen, Zaubersprüche aufzusagen und Talismane zu fertigen.

49 Geistige Übungen, wie zum Beispiel das Ergänzen unvollständiger Reimzeilen oder Verse oder das Verfassen neuer Verse aus dem Stegreif nach Vorgabe von willkürlich aus anderen Versen entnommenen Zeilen, so dass sich ein neuer Sinn ergibt. Oder das Arrangement von Wörtern eines unregelmäßig geschriebenen Verses durch Trennung der Vokale von den Konsonanten. Oder durch Symbole

repräsentierte Sätze in Verse oder Prosa umsetzen. Es existieren viele weitere solche Übungen.

50 Dichtkunst.

51 Kenntnis von Nachschlagewerken.

52 Verkleidung als eine andere Person.

53 Veränderung der Erscheinung von Dingen, wie zum Beispiel Baumwolle wie Seide oder grobe und gewöhnliche Dinge wie edle Güter wirken zu lassen.

54 Glücksspiele.

55 Erwerb des Besitzes anderer durch Mantras und Anrufungen.

56 Jugendliche Sportarten.

57 Kenntnis der Gesellschaftsregeln und des gesellschaftlichen Umgangs mit anderen.

58 Kenntnis der Kriegskunst.

59 Gymnastik.

60 Erkennen des Charakters eines Mannes anhand seiner Gesichtszüge.

61 Erkennen und Konstruieren von Versen.

62 Geometrie.

63 Herstellung von Kunstblumen.

64 Herstellung von Figuren und Bildern aus Lehm.

Auch eine
Prinzessin, ebenso
wie die Tochter eines
Ministers, wird
sich der Zuneigung
ihres Mannes immer
sicher sein, wenn sie
die oben aufge-
führten Künste
beherrscht.

Eine Kurtisane mit gutem Charakter, Schönheit und anderen positiven Qualitäten, die zudem die oben genannten Künste beherrscht, erhält die Bezeichnung Ganika, Kurtisane von hoher Güte, und nimmt einen Ehrenplatz in der Versammlung der Männer ein. Darüber hinaus wird sie jederzeit vom König respektiert, von den Gelehrten gepriesen und umfassend ehrenhaft angesehen. Auch eine Prinzessin, ebenso wie die Tochter eines Ministers, wird sich der Zuneigung ihres Mannes immer sicher sein, wenn sie die oben aufgeführten Künste beherrscht, auch wenn er tausend andere Frauen neben ihr hat.

Ein Mann, der diese Künste beherrscht . . . wird sehr schnell die Herzen der Frauen erobern.

Gleichermaßen kann sich eine Frau, die von ihrem Mann verlassen wird, dank der Beherrschung dieser Künste selbst im Ausland mühelos erhalten. Schon allein die Kenntnis dieser Künste verleiht einer Frau Attraktivität, auch wenn ihre Ausübung von den jeweiligen Umständen diktiert sein mag. Ein Mann, der diese Künste beherrscht, der beredt und galant ist, wird sehr schnell die Herzen der Frauen erobern, auch wenn er sie erst kurze Zeit kennt.

Das Leben des Bürgers[1]

Nachdem er seine Ausbildung abgeschlossen hat, sollte ein Mann mit seinem Vermögen, das er durch Geschenke, Eroberungen, Handel, Entlohnung oder Erbschaft erworben hat, zum Hausbesitzer (Grihasta) werden und das Leben eines Bürgers[2] führen. Er sollte sich ein Haus in einer respektablen und Gewinn versprechenden Nachbarschaft in einer Stadt oder einem großen Dorf suchen. Dieses Haus sollte in der Nähe von Wasser liegen und in verschiedene Bereiche für die unterschiedlichen Funktionen unterteilt sein. Es sollte von einem

1 Dieser Begriff bezieht sich offensichtlich auf alle Hindustani, nicht nur auf Stadtbewohner im römischen Sinne des Urbanus im Gegensatz zum Rusticus, dem Landbewohner.

2 Geschenke entsprechen dem Brahmanen, Eroberungen dem Kshatriya, Handel, Entlohnung oder Erbschaft und ähnliche Einkommensquellen am ehesten dem Vaishya.

Garten umgeben sein und über einen inneren und einen äußeren Raum verfügen. Der innere Raum wird von den Frauen bewohnt, während der äußere, reich parfümierte ein angenehm anzusehendes, weiches Himmelbett mit weißen Laken, Girlanden und Blumenschmuck[3] enthält. Auf dem Bett sollten zwei Kissen liegen, eines am Kopf- und eines am Fußende. Es sollte auch ein Sofa geben, mit einem Hocker am Kopfende, auf den duftende Salben für die Nacht, Töpfe mit Augenwasser, Dingen zum Erfrischen des Atems und Rinde vom Zitronenbaum gestellt werden.

Dieses Haus sollte . . . in verschiedene Bereiche für die unterschiedlichen Funktionen unterteilt sein.

Nahe dem Sofa sollten sich ein Spucknapf, eine

3 Natürliche Gartenblumen.

Der äußere,
reich parfümierte
Raum enthält
ein angenehm
anzusehendes,
weiches Himmelbett
mit weißen Laken,
Girlanden und
Blumenschmuck.

Kiste mit Zierrat, ein Elfenbeinhaken mit einer Laute, ein Zeichenbrett, einige Bücher und einige Girlanden aus gelben Amaranthblüten befinden. Auf dem Boden sollten ein rundes Sitzkissen, ein Spielzeugkarren und ein Brettspiel zu finden sein. Außerhalb des äußeren Raums hängen Vogelkäfige[4] und es gibt einen eigenen Platz zum Spinnen, Schnitzen und für ähnlichen Zeitvertreib. Im Garten sollten eine Schaukel und eine Wippe stehen, ferner ein begrünter Pavillon mit einer Sitzbank im Inneren.

Nachdem sich der Hausherr am Morgen erhoben und die notwendigen Verrichtungen[5] vorgenommen hat, putzt er sich die Zähne, salbt und parfümiert seinen Körper, schminkt seine Augenlider und Wangen, färbt seine Lippen mit Alacktaka[6] und betrachtet sich im Spiegel. Nachdem er Betelblätter und andere Dinge gekaut hat, die seinen Atem angenehm parfümieren, geht er seinen Tagesgeschäften nach. Er sollte täglich baden, seinen Körper alle zwei Tage einölen und alle drei Tage salben[7]. Seinen Kopf (einschließlich des Gesichts) sollte er alle vier Tage rasieren, den übrigen Körper alle fünf oder zehn Tage[8]. All dies sollte gewissenhaft erfolgen und auch der Schweiß der Achselhöhlen sollte regelmäßig entfernt werden. Mahlzeiten werden Charayana zufolge am Vormittag, am Nachmittag und am Abend eingenommen. Nach dem Frühstück werden Papageien und andere Vögel im Sprechen unterrichtet, bevor Hahnen-, Wachtel- und Widderkämpfe folgen. Eine gewisse Zeit sollte der Ablenkung durch Pithmardas, Vitas und Vidushakas[9] gehören, dann folgt ein Mittags-

4 Wie Wachteln, Rebhühner, Papageien, Stare usw.
5 Hindus folgen morgens immer als Erstes dem Ruf der Natur.
6 Eine Art gefärbtes Gummiharz.
7 Ein Ersatz für Seife, die erst mit der moslemischen Herrschaft eingeführt wurde.
8 Zehn Tage sind erlaubt, wenn die Haare ausgezupft werden.
9 Dies sind Charaktere aus den Hindu-Schauspielen. Ihre Eigenschaften werden später erklärt.

schlaf.[10] Danach trifft sich der Hausherr, nachdem er Kleidung und Schmuck angelegt hat, mit seinen Freunden. Am Abend wird gemeinsam gesungen und anschließend erwartet der Hausherr zusammen mit seinen Freunden in seinem geschmückten und parfümierten Raum die Ankunft der Geliebten oder er schickt eine Kupplerin zu ihr oder geht selbst hin. Wenn sie eintrifft, begrüßen er und seine Freunde sie herzlich und unterhalten sie mit erfreulicher Konversation. So enden die Tagespflichten.

Die folgenden Dinge eignen sich als gelegentliche Ablenkung und Vergnügungen:

1 Die Veranstaltung von Festivitäten[11] zu Ehren verschiedener Gottheiten.

10 Der Mittagsschlaf ist nur im Sommer erlaubt, wenn die Nächte kurz sind.

11 Sind in ganz Indien üblich.

12 Im Periodikum *Asiatic Miscellany* und in den Werken von Sir William Jones findet sich eine Hymne an diese Göttin, die als Schutzpatronin der schönen Künste, vor allem der Musik und der Rhetorik, als Erfinderin des Sanskrit usw. verehrt wird. Sie ist die Göttin der Harmonie, Eloquenz und Sprache und entspricht in etwa der römischen Minerva. Weitere Informationen finden sich in Edward Moors *Hindu Pantheon*.

2 Geselliges Beisammensein beider Geschlechter.

3 Trinkgelage.

4 Ausflüge in die Gärten oder Picknicks.

5 Weitere gesellschaftliche Zerstreuungen.

Festivitäten

An einem günstigen Tag sollte sich eine Gruppe von Bürgern im Tempel der Saraswati zusammenfinden.[12] Dort sollten Sänger und andere fahrende Künstler ihr Können zeigen und am folgenden Tag auf jeden Fall entlohnt werden. Danach können die Bürger je nach ihrer Vorstellung entscheiden, ob sie bleiben dürfen oder weiterziehen müssen. Die Mitglieder der Versammlung sollten sowohl in

Männer und Frauen sollten reihum in ihren Häusern miteinander trinken.

schlechten als auch in guten Zeiten zusammenhalten, und es ist ihre Pflicht, auch Fremden auf Besuch Gastfreundschaft zu erweisen. Das oben Gesagte gilt auch für alle anderen regelrechten Festivitäten zu Ehren der verschiedenen Gottheiten.

Geselliges Beisammensein

Wenn Männer des gleichen Alters, Standes und Talents, mit den gleichen Interessen und gleicher Bildung mit Kurtisanen[13] oder im Kreis anderer Bürger oder im Haus eines der ihren zusammensitzen und sich in angenehmem Gespräch unterhalten, nennt man das ein geselliges Beisammensein. Bei der Konversation

13 Die Kurtisanen (Vesya) der Alten Hindus wurden oft mit den Hetären der Griechen verglichen. Das Thema wird ausführlich in H. H. Wilsons zweibändigem *Select Specimens of the Theatre of the Hindoos* von 1871 behandelt. Es gilt als sicher, dass die Kurtisane ein wichtiges Element der frühen Hindu-Gesellschaft war, und dass sie sowohl in ihrer Ausbildung als auch in ihrem Intellekt den Frauen des Haushalts überlegen war.

kann es sich um das Vervollständigen von Versen handeln, die von anderen begonnen wurden, oder auch um einen Wettstreit des Wissens über diverse Künste. Den Frauen, die zu den schönsten zählen können, die die gleichen Dinge mögen wie die Männer und die die Kunstsinnigkeit der anderen zu beeindrucken vermögen, wird hohe Ehre erwiesen.

Wilson schreibt: „Unter einer Vesya oder Kurtisane dürfen wir uns nun keinesfalls eine Frau vorstellen, die gegen die Gesetze oder die Regeln des Anstands verstößt. Vielmehr stand die Gesellschaft nur Frauen (auf Kosten ihres guten Rufs) offen, die in ihrer Persönlichkeit und ihrem Intellekt in einem Umfang für die Gesellschaft der Männer ausgebildet waren, der für eine Prostituierte undenkbar wäre."

Trinkgelage

Männer und Frauen sollten reihum in ihren Häusern miteinander trinken. Hierbei sollten die Männer auch die Kurtisanen zum Trinken anhalten und mit ihnen Liköre wie Madhu, Aireya, Sura und Asawa trinken, die bitter und säuerlich schmecken. Außerdem werden Getränke gereicht, die aus verschiedenen Baumrinden, Wildfrüchten und Blättern gewonnen wurden.

خلوت سلطان خرم ولد جهانگیر
عمل بهیم گجراتی

Ausflüge in die Gärten oder Picknicks

Am Vormittag unternehmen die Männer nach der morgendlichen Toilette in Begleitung von Kurtisanen und Dienern Ausritte in die Gärten. Nachdem sie sich dort an Wachtel-, Hahnen- und Widderkämpfen und anderen Unterhaltungen erfreut haben, kehren sie am Nachmittag mit Blumensträußen geschmückt auf die gleiche Weise zurück.

Im Sommer können die Männer auch in umfriedetem Wasser baden gehen, das vorher von allen giftigen und gefährlichen Tieren gesäubert wurde.

Weitere gesellschaftliche Zerstreuungen

Nächtelanges Würfelspiel. Nächtliche Spaziergänge im Mondschein. Begehen des Feiertags zu Ehren des Frühlings. Pflücken der Sprosse und

Früchte des Mangobaums. Essen der Lotuswurzelfasern. Essen der zarten Maiskolben. Picknicks unter dem zarten neuen Laub der Waldbäume. Udakakshvedika oder Wassersport. Gegenseitiges Schmücken mit Baumblüten. Gegenseitiges Bewerfen mit den Blüten des Kadambabaums und viele weitere Sportarten, die entweder im ganzen Land bekannt oder nur in einzelnen Gegenden üblich sind. Diese und ähnliche Zerstreuungen sollten von Bürgern immer gesucht werden.

Diese Zerstreuungen sollten sowohl von einer Person, die sich alleine in Gesellschaft einer Kurtisane vergnügt, als auch von einer Kurtisane gesucht werden, die sich in Begleitung ihrer Dienerinnen oder in Gesellschaft von Bürgern unterhält.

Ein Pithamarda[14] ist ein Mann ohne Vermögen, dessen einziger Besitz aus seinem Mallika[15], etwas Salbe und einem roten Tuch besteht, der aus einem guten Land stammt und in den Künsten bewandert ist. Er wird in der Gesellschaft von Bürgern und in den Häusern von Kurtisanen aufgenommen, wenn er diese Künste unterrichtet.

Die Männer unternehmen nach der morgendlichen Toilette Ausritte in die Gärten.

Ein Vita[16] ist ein Mann, der einst ein Vermögen besaß, ein Landsmann der Bürger ist, deren Nähe er sucht, die Qualitäten eines Hausherren besitzt, seine Frau bei sich hat und in der Gemeinschaft der Bürger und den Häusern der Kurtisanen angesehen ist, von denen er unterhalten wird.

14 Dieser Beschreibung zufolge ist ein Pithamarda eine Art Universal-Professor, der Freund und Vertrauter der Bürger ist.

15 Ein Klapphocker in T-Form.

16 Der Vita ist so etwas wie die Figur des Schmarotzers in der griechischen Komödie. Vermutlich wurde er sowohl als persönlicher Lehrer als auch als unterhaltsamer Begleiter angestellt.

Ein Vidushaka[17] (auch Vaihasaka, d.h. einer, der zum Lachen bringt, genannt) ist ein Mann, der in nur wenigen Künsten bewandert, aber ein Spaßvogel ist und dem alle vertrauen.

Diese Personen werden bei Auseinandersetzungen und Schlichtungen zwischen Bürgern und Kurtisanen eingesetzt. Das Gleiche gilt für Bettlerinnen, Witwen mit geschorenem Haar, Ehebrecherinnen und alte Kurtisanen, die in den verschiedenen Künsten geschult sind.

Ein in seiner Stadt oder seinem Dorf allgemein respektierter Bürger sollte sich mit seinesgleichen umgeben. Er sollte die Gesellschaft anderer suchen und seine Freunde mit seiner Gesellschaft ehren. Indem er sich andere durch seine Hilfe verpflichtet, so sollte er auch diese anhalten, sich gegenseitig auf gleiche Weise zu helfen.

17 Der Vidushaka ist offensichtlich der Hofnarr. Wilson beschreibt ihn als bescheidenen Begleiter eines Prinzen oder Mannes von Rang, und es ist erstaunlich, dass er immer ein Brahmane ist. In seiner Kombination aus Verschlagenheit und Schlichtheit und seiner Vorliebe für das gute Leben und die Faulheit gleicht er am ehesten einem Sancho Pansa. In den Dramen um Intrigen zeigt er einige Talente Merkurs, allerdings ohne dessen Agilität und Genialität, und leidet gelegentlich unter seiner Einmischung. Er soll wohl durch das Lächerliche seiner Person, seines Alters und seiner Erscheinung Heiterkeit auslösen.

Zu diesem Thema existieren einige Verse:

„Ein Bürger, der sich bei Unterhaltungen über die verschiedensten gesellschaftlichen Themen weder ausschließlich des Sanskrit[18] noch ausschließlich ländlicher Dialekte bedient, erwirbt sich großen Respekt. Der Weise sucht sich keine Gesellschaft, die in der Öffentlichkeit verabscheut wird, keine Regeln kennt und auf den Schaden anderer abzielt. Aber ein gebildeter Mann, der in einer Gesellschaft lebt, die von der Allgemeinheit anerkannt wird und das Vergnügen als ihr einziges Ziel hat, wird in dieser Welt hoch angesehen."

18 Das bedeutet vermutlich, dass der Bürger mehrere Sprachen beherrschen sollte. Der mittlere Teil bezieht sich wahrscheinlich auf die Bande der Thugs.

DIE SEXUELLE VEREINIGUNG

Arten der Vereinigung, entsprechend den Maßen, der Leidenschaft und der Dauer

Der Mann lässt sich nach der Größe seines Lingam in eine von drei Klassen einteilen: Der Hasenmann, der Stiermann und der Hengstmann.

Die Frau ist je nach Tiefe ihrer Yoni entweder ein Reh, eine Stute oder eine Elefantenkuh.

Somit ergeben sich drei gleichwertige Vereinigungen mit zueinander passenden Größen und sechs ungleichwertige Vereinigungen, bei denen die Maße nicht zueinander passen. Die folgende Tabelle zeigt diese insgesamt neun Vereinigungen:

Gleichwertig

Mann	*Frau*
Hase	Reh
Stier	Stute
Hengst	Elefantenkuh

Ungleichwertig

Mann	*Frau*
Hase	Stute
Hase	Elefantenkuh
Stier	Reh
Stier	Elefantenkuh
Hengst	Reh
Hengst	Stute

Es gibt also nach der Größe neun Arten der Vereinigung. Unter diesen sind die gleichwertigen Vereinigungen die besten.

Wenn der Mann die Frau bei diesen ungleichwertigen Vereinigungen an Größe übertrifft, nennt man seine

Vereinigung mit einer Frau, die ihm in der Größe am nächsten kommt, „hoch"; hiervon gibt es zwei Arten. Der Beischlaf mit einer Frau, die sich am weitesten von ihm unterscheidet, nennt man höchste Vereinigung; hiervon gibt es nur eine Art. Wenn andererseits die Frau den Mann an Größe übertrifft, nennt man den Beischlaf mit einem ihr am nächsten entsprechenden Mann niedrige Vereinigung, wovon es zwei Arten gibt, während man den Beischlaf mit einem sich am stärksten von ihr unterscheidenden Mann niedrigste Vereinigung nennt; hiervon gibt es nur eine Art.

Anders gesagt, bilden Hengst und Stute und Stier und Reh die hohe Vereinigung, während Hengst und Reh die höchste Vereinigung bilden. Auf der weiblichen Seite stellen

Elefantenkuh und Stier und Stute und Hase niedrige Vereinigungen dar, während Elefantenkuh und Hase die niedrigste Vereinigung bilden.

Es gibt also nach der Größe neun Arten der Vereinigung. Unter diesen sind die gleichwertigen Vereinigungen die besten, die mit einem superlativen Wert – also die höchsten und die niedrigsten – sind die schlechtesten und die übrigen liegen in der Mitte, wobei hohe[1] besser sind als niedrige.

Auch nach der Leidenschaft gemessen gibt es neun Arten der Vereinigung:

Mann	*Frau*
Gering	Gering
Mittelmäßig	Mittelmäßig
Heftig	Heftig

1 Hohe Vereinigungen sollen besser als niedrige sein, denn bei den Ersteren kann der Mann seine Leidenschaft besser befriedigen, ohne die Frau zu verletzten, während die Frau bei den letzteren kaum Befriedigung finden kann.

Mann	*Frau*
Gering	Mittelmäßig
Gering	Heftig
Mittelmäßig	Gering
Mittelmäßig	Heftig
Heftig	Gering
Heftig	Mittelmäßig

Man spricht von einem Mann geringer Leidenschaft, wenn sein Verlangen zur Zeit des Beischlafs klein und sein Samenerguss spärlich ist und er die warmen Umarmungen der Frau nicht erträgt.

Wenn ein Mann etwas mehr Verlangen zeigt, spricht man von mittlerer Leidenschaft, während ein Mann von heftiger Leidenschaft vor Verlangen brennt.

Die gleichen drei Stufen der Gefühlsintensität spricht man auch den Frauen zu.

Schließlich unterscheidet man Männer und Frauen auch nach der Dauer ihrer Leidenschaft: die kurzfristigen, mittelfristigen und langfristigen. Wieder existieren neun Arten der Vereinigung, wie bei den Kombinationen nach der Größe.

Über dieses letzte Thema gibt es allerdings Meinungsunterschiede in Bezug auf die Frauen:

Auddalika sagt: „Frauen werden nicht auf die gleiche Weise befriedigt wie Männer. Männer befriedigen schlicht ihr Verlangen, während Frauen aus dem Bewusstsein des Verlangens ein gewisses Vergnügen empfinden, das sie befriedigt, aber sie können einem nicht sagen, welche Art von Vergnügen sie empfinden. Dies zeigt sich an dem

Umstand, dass Männer nach dem Erguss von selbst aufhören und befriedigt sind. Bei Frauen ist das ganz anders.“

Dieser Meinung steht entgegen, dass Frauen Männer bevorzugen, die langfristige Vereinigungen durchführen können, während sie Männer mit kurzfristiger Veranlagung ablehnen. Dieser Umstand belegt nach Meinung mancher, dass auch die Frau ejakuliert.

Diese Meinung ist allerdings nicht aufrechtzuhalten, denn es dauert lange, das Verlangen einer Frau zu wecken, und während dieser Zeit empfindet sie Vergnügen, das sie natürlich möglichst lange hinausgezogen haben möchte. Zu diesem Thema existiert ein Vers:

„Durch die Vereinigung mit Männern werden Lust, Verlangen und Leidenschaft der Frauen befriedigt und das Vergnügen, das aus dem Bewusstsein dieses Umstands entsteht, nennt man ihre Befriedigung.“

Die Anhänger von Babhravya sagen allerdings, dass der Samen der Frauen von Anfang bis Ende der sexuellen Vereinigung fließt und dass das so sein muss, denn sonst gäbe es keine Leibesfrucht.

> Durch die Vereinigung mit Männern werden Lust, Verlangen und Leidenschaft der Frauen befriedigt …

Dazu gibt es einen Einwand: Zu Beginn des Beischlafs ist die Leidenschaft der Frau mittelmäßig und sie kann die kraftvollen Stöße ihres Liebhabers nicht ertragen. Aber nach und nach nimmt ihre Leidenschaft zu, bis sie nicht mehr über ihren Körper nachdenkt und dann schließlich den Beischlaf nicht mehr weiter fortsetzen möchte.

Dieser Einwand ist aber nicht haltbar, denn selbst bei gewöhnlichen Dingen, die mit großer Kraft rotieren, wie eine Töpferscheibe, ist die Bewegung zunächst langsam, wird aber zunehmend immer schneller. Auf die gleiche Weise hat eine Frau, deren Leidenschaft nach und nach zunahm, den Wunsch, den Beischlaf zu beenden, wenn der Samen vollständig geflossen ist. Auch hierzu gibt es zwei Verse:

„Der Samen des Mannes fließt nur am Ende der Vereinigung, während der Samen der Frau ununterbrochen fließt. Nachdem sich beide schließlich ergossen haben, wünschen sie die Vereinigung zu beenden."

Schließlich ist Vatsyayana der Ansicht, dass der Samen der Frau auf die gleiche Weise fließt wie der des Mannes.

Zu Beginn des
Beischlafs ist die
Leidenschaft der Frau
mittelmäßig ... aber
nach und nach nimmt
ihre Leidenschaft zu,
bis sie nicht mehr
über ihren Körper
nachdenkt.

Nun könnte man fragen: Wenn Männer und Frauen gleich beschaffen sind und das gleiche Ziel anstreben, warum sollten sie unterschiedliche Arbeiten leisten?

Vatsyayana sagt, dies liegt am unterschiedlichen Verhalten und dem unterschiedlichen Bewusstsein des Vergnügens bei Mann und Frau. Das unterschiedliche Verhalten, bei dem der Mann der Handelnde und die Frau die Behandelte ist, ist der Natur des Männlichen und des Weiblichen zu schulden. Anderenfalls wäre der Handelnde gelegentlich der Behandelte und umgekehrt. Aus diesem Unterschied des Verhaltens ergibt sich das

> Männer und Frauen sind von gleicher Natur und empfinden dasselbe Vergnügen …

unterschiedliche Bewusstsein des Vergnügens. Ein Mann denkt nämlich: „Diese Frau ist mit mir vereinigt“, während eine Frau denkt: „Ich bin mit diesem Mann vereinigt“.

Dagegen könnte man sagen, dass wenn das Handeln von Männern und Frauen unterschiedlich ist, warum sollte es nicht auch ein unterschiedliches Empfinden des aus diesem Handeln resultierenden Vergnügens geben?

Dieser Einwand ist unhaltbar: Da die aktive und die passive Person unterschiedlich beschaffen sind, gibt es einen Grund für das unterschiedliche Handeln. Hingegen gibt es keinen Grund für ein unterschiedlich empfundenes Vergnügen, weil beide ihr Vergnügen auf natürliche Weise aus dem gleichen Handeln ziehen.[2]

2 Ein solch langer Diskurs war zwischen den Sanskrit-Autoren sowohl in Briefen als auch im Gespräch üblich. Sie stellen eine Behauptung auf und finden dann Argumente dafür und dagegen. Hier geht es darum, dass, obwohl Männer und Frauen Vergnügen beim Beischlaf finden, die Art, wie es entsteht, auf unterschiedlichen Mitteln beruht. Jeder vollführt seine individuellen Handlungen unabhängig vom anderen und zieht sein ganz eigenes Vergnügen daraus. Die Handlungen und das Bewusstsein des Vergnügens sind bei beiden unterschiedlich, nicht aber das Vergnügen, das sie empfinden, da jeder dieses Vergnügen stärker oder schwächer fühlt.

Hiergegen könnte man folgendes einwenden: Wenn unterschiedliche Personen sich dem gleichen Handeln widmen, erzielen sie erfahrungsgemäß das gleiche Resultat. Auf der anderen Seite erreichen Männer und Frauen ihre eigenen Ziele auf verschiedenen Wegen und das ist inkonsistent. Dies ist aber falsch, denn wir finden häufig zwei Dinge, die zur gleichen Zeit getan werden. So empfangen zum Beispiel bei Widderkämpfen beide Tiere den Schlag gegen den Kopf zur gleichen Zeit. Das Gleiche findet man, wenn man zwei Holzäpfel gegeneinander wirft, oder auch bei Ringkämpfen. Man kann einwenden, dass hier beide Widerparte gleich beschaffen sind, aber auch bei Männern und Frauen ist doch die Natur der beiden Personen dieselbe. Da der Unterschied in ihrem Handeln nur auf ihrem unterschiedlichen Körperbau beruht, folgert, dass

Männer dasselbe Vergnügen empfinden wie Frauen. Auch zu diesem Thema existiert ein Vers:

„Männer und Frauen sind von gleicher Natur und empfinden dasselbe Vergnügen, deshalb sollte ein Mann die Frau heiraten, die ihn für immer lieben wird.“

Nachdem bewiesen ist, dass Männer und Frauen gleich geschaffen sind, folgt daraus, dass es in Bezug auf die Dauer ebenso neun Arten der Vereinigung gibt, wie in Bezug auf die Leidenschaft.

Da es jeweils neun Arten der Vereinigung nach Größe, Leidenschaft und Dauer gibt, entstehen durch Kombinationen unendliche Varianten der Vereinigung. Deshalb sollten Männer zu den Mitteln greifen, die sie in der jeweiligen Situation für angemessen erachten.

Bei der ersten Vereinigung ist die Leidenschaft des Mannes heftig und von kurzer Dauer, aber dieses Verhältnis kehrt sich im Laufe weiterer Vereinigungen am gleichen Tag um. Bei der Frau ist dies umgekehrt, denn am Anfang ist ihre Leidenschaft gering und die Dauer bis zur Befriedigung lang, aber bei den folgenden Vereinigungen das Tages ist ihre Leidenschaft heftig und ihre Dauer kurz.

Die verschiedenen Arten der Liebe

Die weisen Männer sind der Meinung, dass es vier Arten der Liebe gibt:

1 Aus der Gewohnheit entwickelte Liebe

2 Aus der Vorstellungskraft geborene Liebe

3 Aus dem Vertrauen entstandene Liebe

4 Aus der Wahrnehmung äußerer Dinge entstandene Liebe

1 Liebe, die aus der ständigen Wiederholung einer Handlung, wie zum Beispiel sexueller Vereinigung, Jagd, Trinken, Glücksspiel und so weiter entsteht, nennt man aus der Gewohnheit entwickelte Liebe.

> Aus dem Vertrauen entstandene Liebe: wechselseitig empfundene und als wahrhaftig erwiesene Liebe.

2 Liebe, die nicht für reale Dinge empfunden wird, sondern ausschließlich auf der Vorstellung beruht, nennt man aus der Vorstellungskraft geborene Liebe. Ein Beispiel ist die Liebe, die manche Männer, Frauen und Eunuchen für Auparishtaka, den

Mundverkehr, empfinden, und die von allen für Dinge wie Umarmungen, Küsse und so weiter empfunden wird.

3 Die wechselseitig empfundene und als wahrhaftig erwiesene Liebe, bei der jeder den anderen als sein Eigen empfindet, nennt man aus dem Vertrauen entstandene Liebe.

4 Die aus der Wahrnehmung äußerer Dinge entstandene Liebe ist überall in der Welt zu finden und wohlbekannt, da das von ihr gespendete Vergnügen den Vergnügen der anderen Arten der Liebe überlegen ist.

Das in diesem Kapitel über das Thema der sexuellen Vereinigung Gesagte sollte dem Gebildeten ausreichen. Um aber auch dem Unwissenden zu dienen, sollen nun ausführliche Ausführungen folgen.

Die Umarmung

Dieser Teil des Kama Shastra, der sich mit der sexuellen Vereinigung befasst, heißt auch „Vierundsechzig" (Chatushshashti). Einige alte Autoren sagen, das sei so, weil er vierundsechzig Kapitel umfasse. Andere glauben, der Autor dieses Teils sei ein Mann namens Panchala, und weil der Mann, der den „Dashtapa" genannten Teil der Rig-Veda rezitierte, der ebenfalls vierundsechzig Kapitel umfasst, auch Panchala hieß, wurde dieser Teil des Werkes zu Ehren der Rig-Veda „Vierundsechzig" genannt. Die Anhänger des Babhravya hingegen sagen, es enthalte acht Themen: Umarmung, Kuss, Kratzen mit Nägeln oder Fingern, Beißen, Hinlegen, Geräusche machen, die Rolle des Mannes spielen und Auparishtaka, die Mundvereinigung. Da jedes dieser acht Themen acht Unterteilungen hat und achtmal acht vierundsechzig ergibt, heißt dieser Teil „Vierundsechzig“. Vatsyayana hingegen hält die Bezeichnung für zufällig, da dieser Teil auch die Themen Schlagen, Schreien, die Handlungen des Mannes während der Zusammenkunft, die verschiedenen Arten der Zusammenkunft und so weiter behandelt. Dies sei so, wie wir zum Beispiel sagen,

Dieser Teil des Kama Shastra über die sexuelle Vereinigung heißt auch „Vierundsechzig“ (Chatushshashti).

Wenn zwei
Liebende ... ihre
Körper aneinander
reiben, nennt man
das „reibende
Umarmung".

dieser Baum ist „Saptaparna“ oder siebenblättrig, oder diese Opfergabe ist „Panchavarna“ oder fünffarbig, während weder der Baum sieben Blätter hat noch der Reis fünf Farben zeigt.

Nichtsdestotrotz soll es nun um den Teil „Vierundsechzig“ gehen und dabei zunächst um das erste Thema, die Umarmung.

Die Umarmung, die die gegenseitige Liebe von Mann und Frau zeigt, kann in vier Arten vorkommen:

Berührend

Stoßend

Reibend

Drückend

Die jeweils notwendige Handlung wird durch den Namen angezeigt.

1 Wenn ein Mann unter einem Vorwand vor oder neben der Frau vorbeigeht und ihren Körper mit seinem berührt, nennt man das „berührende Umarmung“.

> Die Umarmung, die die gegenseitige Liebe … zeigt, kann in vier Arten vorkommen: berührend, stoßend, reibend, drückend.

2 Wenn sich eine Frau an einem einsamen Ort bückt, als wolle sie etwas aufheben, und dabei mit ihren Brüsten gegen den sitzenden oder stehenden Mann stößt und der Mann sie in der Folge ergreift, nennt man das „stoßende Umarmung“.

Diese beiden Umarmungen finden nur zwischen Personen statt, die bisher noch nicht frei miteinander sprechen können.

3 Wenn zwei Liebende im Dunkeln, an einem öffentlichen oder einem einsamen Ort nebeneinander her gehen und ihre Körper aneinander reiben, nennt man das „reibende Umarmung“.

4 Wenn einer der beiden bei der obigen Gelegenheit den Körper des anderen kraftvoll gegen eine Wand oder eine Säule drückt, nennt man dies „drückende Umarmung“.

Diese letzten beiden Umarmungen sind denjenigen eigen, die die Absichten des anderen kennen.

Vor der Vereinigung werden die folgenden vier Arten der Umarmung angewendet:

Jataveshtitaka, das Umschlingen einer Liane.

Vrikshadhirudhaka, das Erklettern eines Baumes.

Tila-Tandulaka, das Mischen von Sesam und Reis.

Kshiraniraka, die Milch-und-Wasser-Umarmung.

1 Wenn sich eine Frau um den Mann windet, wie eine Liane um einen Baum, seinen Kopf zu sich herabzieht, um ihn zu küssen, leise seufzt und ihn liebevoll ansieht, nennt man dies eine Umarmung wie das „Umschlingen einer Liane".

2 Wenn eine Frau ihren einen Fuß auf seinen Fuß stellt und den anderen auf seinen Schenkel, ihre Arme um seinen Rücken und Nacken legt, leise seufzt und keucht und versucht, an ihm herauf-

Wenn die Liebenden im Bett liegen ... nennt man das eine Umarmung wie „das Mischen von Sesam und Reis".

zuklettern, um ihn zu küssen, nennt man dies eine Umarmung wie „das Erklettern eines Baumes“.

3 Diese beiden Umarmungen finden im Stehen statt.

Wenn die Liebenden im Bett liegen und einander so eng umarmen, dass Arme und Schenkel des einen von Armen und Schenkeln des anderen umschlungen sind und die Körper sich aneinander reiben, nennt man das eine Umarmung wie „das Mischen von Sesam und Reis“.

4 Wenn ein Mann und eine Frau sich sehr lieben und sich ohne Angst vor Schmerz oder Verletzung so umarmen, als wollten sie einander durchdringen, während die Frau entweder auf dem Schoß des Mannes, vor ihm oder auf

dem Bett sitzt, nennt man dies eine Umarmung wie eine „Mischung aus Milch und Wasser“.

Diese beiden Umarmungen finden zur Zeit der sexuellen Vereinigung statt.

So überliefert uns Babhravya die acht Arten der Umarmung.

Darüber hinaus nennt uns Suvarnanabha vier Arten, einzelne Glieder zu umarmen:

Die Umarmung der Schenkel

Die Umarmung der Jaghana, des Teils des Körpers zwischen dem Nabel und dem Ansatz der Schenkel

Die Umarmung der Brüste

Die Umarmung der Stirn

Wenn
ein Mann und eine
Frau sich sehr lieben
und sich ohne Angst
vor Schmerz oder
Verletzung
so umarmen, als
wollten sie einander
durchdringen,
während die Frau
entweder auf dem
Schoß des Mannes,
vor ihm oder auf dem
Bett sitzt, nennt man
dies eine Umarmung
wie eine „Mischung
aus Milch und
Wasser“.

1 Wenn einer der Liebenden einen oder beide Schenkel des anderen zwischen seinen eigenen drückt, nennt man das die „Umarmung der Schenkel“.

2 Wenn der Mann die Jaghana, den Mittelteil, der Frau gegen seinen Körper presst, sie besteigt, mit Nägeln oder Fingern kratzt, beißt, schlägt oder streichelt, während ihre Haare offen fließen, nennt man dies die „Umarmung der Jaghana“.

3 Wenn ein Mann sich mit seiner Brust an die Brüste der Frau presst, nennt man dies die „Umarmung der Brüste“.

4 Wenn jeder der Liebenden Mund, Augen und Stirn des anderen mit seinen eigenen berührt, nennt man dies die „Umarmung der Stirn“.

Manche halten schon das Haarewaschen für eine Umarmung,

weil sich die Körper dabei berühren. Aber Vatsyayana geht davon aus, dass das Haarewaschen zu einer anderen Zeit und zu einem anderen Zweck geschieht. Da es also einen anderen Charakter besitzt, kann es nicht der Umarmung zugerechnet werden. Zu diesem Thema existieren einige Verse:

Das ganze Thema der Umarmung ist so beschaffen, dass Männer, die dazu Fragen stellen, bereits Verlangen nach diesem Vergnügen verspüren.

„Das ganze Thema der Umarmung ist so beschaffen, dass Männer, die Fragen darüber stellen, davon hören oder darüber reden, bereits Verlangen nach diesem Vergnügen verspüren. Selbst die nicht im Kama Shastra erwähnten Umarmungen sollten zum Zeitpunkt der sexuellen Vergnügung praktiziert werden, wenn sie auf irgendeine Weise zur Steigerung der Liebe oder Leidenschaft beitragen. Die Regeln der Shastra gelten so lange, wie die Leidenschaft des Mannes mittelmäßig ist, aber ist das Rad der Liebe einmal in Bewegung versetzt, gibt es keine Shastra und keine Regeln mehr."

Der Kuss

Manche glauben, dass es keine feste Zeit oder Ordnung zwischen der Umarmung, dem Kuss und dem Drücken oder Kratzen mit den Nägeln oder Fingern gibt, sondern dass alle diese Dinge generell vor der sexuellen Vereinigung stattfinden sollten, während Schlagen und verschiedene Geräusche Machen bei der Vereinigung selbst zu erfolgen haben. Vatsyayana hingegen denkt, dass alles zu jeder Zeit stattfinden darf, weil sich die Liebe nicht um Zeit und Ordnung schert.

Bei der ersten Vereinigung sollten Küsse und die anderen oben erwähnten Dinge in Maßen und abwechselnd angewendet werden. Bei weiteren Vereinigungen kann die Zurückhaltung überflüssig werden und man kann all diese Dinge über eine lange Zeit und zur Steigerung der Lust auch gleichzeitig tun.

Die folgenden Stellen sind zu küssen: die Stirn, die Augen, die Wangen, der Hals, der Busen, die Brüste, die Lippen und das Innere des Mundes. Darüber hinaus küssen die Einwohner von Lat auch die folgenden Stellen: die Kniebeugen, die Armbeugen und den Nabel. Vatsyayana hält diese Stellen nicht für jeden geeignet, auch wenn diese Menschen sie von der Intensität ihrer Liebe befeuert küssen.

Für ein junges Mädchen gibt es drei Arten von Kuss:

Den einfachen Kuss

Den zitternden Kuss

Den berührenden Kuss

॥ सर्वं सर्वत्र । रागस्यानपे

Wenn ein Mädchen nur den Mund ihres Liebsten berührt und sonst nichts unternimmt, nennt man dies den „einfachen Kuss“.

> Wenn die Lippen zweier Liebender in direkten Kontakt kommen, nennt man das einen „geraden Kuss“.

Wenn ein Mädchen seine Schamhaftigkeit etwas überwindet und die Lippe ihres Liebsten mit ihrer Unterlippe hin und her bewegt, ohne aber die Oberlippe zu

Sanskrit: Alles ist erlaubt, weil die Leidenschaft auf niemanden wartet. So spricht Vatsyayana.

त्वात् । इति वात्स्यायनः ॥

bewegen, nennt man das den „zitternden Kuss“.

Wenn ein Mädchen die Lippe ihres Liebsten mit der Zunge berührt, ihre Augen schließt und ihre Hände auf die seinen legt, nennt man das den „berührenden Kuss“.

Andere Autoren beschreiben vier andere Arten des Kusses:

Den geraden Kuss

Den schrägen Kuss

Den gewendeten Kuss

Den gepressten Kuss

1 Wenn die Lippen zweier Liebender in direkten Kontakt kommen, nennt man das einen „geraden Kuss“.

2 Wenn die Köpfe zweier Liebender einander zugeneigt sind und sie sich in dieser Stellung küssen, nennt man das einen „schrägen Kuss“.

3 Wenn einer von beiden das Gesicht des anderen am Kinn zu sich emporhebt und es dann küsst, nennt man das einen „gewendeten Kuss“.

4 Wenn schließlich der Kuss mit großem Druck ausgeführt wird, nennt man das einen „gepressten Kuss“.

Es gibt noch eine fünfte Variante des Kusses, den „stark gepressten Kuss“, bei dem die Unterlippe mit zwei Fingern gehalten und zunächst mit der Zunge, dann mit viel Kraft mit den Lippen geküsst wird.

Die Liebenden können wetten, wer als Erster der Lippen des anderen habhaft wird. Verliert die Frau, sollte sie vorgeben zu weinen, ihren Liebsten mit Händeschütteln abwehren, sich von ihm abwenden und eine weitere Wette anbieten. Verliert sie auch diese, sollte sie doppelt verzweifelt wirken. Sobald ihr Liebster unachtsam wird oder schläft, sollte sie seine Unterlippe mit den Zähnen ergreifen und festhalten. Sie sollte laut lachen, ihn schelten, herumtanzen, scherzhaft sagen, was immer sie will, und dabei die Augenbrauen hüpfen lassen und die Augen verdrehen. Diese Wetten und scherzhaften Streitereien gelten für das Küssen. Das Gleiche gilt aber auch für das gegenseitige Traktieren mit Nägeln, Fingern und

> Die Liebenden können wetten, wer als Erster der Lippen des anderen habhaft wird.

Zähnen. All dies wird allerdings nur von Männern und Frauen in großer Leidenschaft geschätzt.

Wenn ein Mann die Oberlippe der Frau küsst, während sie seine Unterlippe küsst, nennt man das den „Kuss auf die Oberlippe“.

Wenn einer von beiden beide Lippen des anderen zwischen seine nimmt, nennt man das den „zupackenden Kuss“. Eine Frau erlaubt diese Art Kuss aber nur einem Mann ohne Schnurrbart. Wenn einer der beiden bei diesem Kuss Zähne, Zunge und Gaumen des anderen mit der Zunge berührt, nennt man dies den „Kampf der Zungen“. Auf die gleiche Weise werden die Zähne des einen auf den Mund des anderen gepresst.

Es gibt vier Arten des Kusses: leicht, zusammengezogen, gepresst und sanft, je nach geküsstem Körperteil, denn für die unterschiedlichen Körperteile sind unterschiedliche Arten von Küssen angemessen.

Wenn eine Frau das Gesicht ihres schlafenden Liebsten ansieht und ihn küsst, um ihr Verlangen zu zeigen, nennt man das einen „Kuss, der Liebe entfacht".

Wenn eine Frau ihren Liebsten küsst, während er Geschäfte tätigt, mit ihr streitet oder etwas anderes betrachtet, sodass er abgelenkt ist, nennt man das einen „Kuss, der ablenkt".

Wenn ein Mann spät nachts nach Hause kommt und seine schlafende Geliebte küsst, um ihr sein Verlangen zu zeigen, nennt man das einen „Kuss,

Wenn
ein Mann spät
nachts nach Hause
kommt und seine
schlafende Geliebte
küsst, um ihr sein
Verlangen zu zeigen,
nennt man das
einen „Kuss, der
erweckt“.

der erweckt“. Bei dieser Gelegenheit kann die Frau so tun, als schlafe sie, um seine Absichten zu erkunden und seinen Respekt zu gewinnen.

> Was immer der eine
> Liebende dem anderen tut,
> sollte dieser erwidern.

Wenn eine Person die Spiegelung der geliebten Person in einem Spiegel, im Wasser oder im Schatten an der Wand zu küssen versucht, nennt man das einen „Kuss, der die Absicht zeigt“.

Wenn eine Person ein auf ihrem Schoß sitzendes Kind, ein Bild oder eine Büste in Anwesenheit der geliebten Person küsst, nennt man das einen „übertragenen Kuss“.

Wenn ein Mann des Abends im Theater oder in der Gegenwart Gleichgestellter die Finger einer stehenden Frau oder die Zehen einer sitzenden Frau küsst, oder wenn eine Frau ihrem Liebsten die Haare wäscht und dabei ihren Kopf auf seinen Schoß legt (als sei sie müde), um seine Lust zu wecken, und seinen Schenkel oder seine große Zehe küsst, nennt man das einen „offenbarenden Kuss".

Hierzu existieren zwei Verse:

„Was immer der eine Liebende dem anderen tut, sollte dieser erwidern. Wenn eine Frau also einen Mann küsst, muss auch er sie küssen; schlägt sie ihn, so sollte er sie wieder schlagen."

Der Kuss

Das Nagelmal

Wenn die Liebe sehr intensiv wird, kommt es zum Kratzen des Körpers mit den Fingernägeln. Dies geschieht bei folgenden Gelegenheiten: beim ersten Besuch, beim Aufbruch zu einer Reise, bei der Rückkehr von einer Reise, bei der Versöhnung nach einem Streit und schließlich, wenn die Frau betrunken ist.

Das Kratzen und Drücken mit den Nägeln ist nur für äußerst leidenschaftliche Menschen. Es wird, zusammen mit den Zahnmalen, nur von denen ausgeübt, denen es zusagt.

Es gibt acht verschiedene Arten von Nagelmalen:

1 Leicht eingedrückt

2 Halbmondförmig

3 Kreisförmig

4 Linienförmig

5 Wie eine Tigerpranke

6 Wie eine Pfauenkralle

7 Wie eine Hasenfährte

8 Wie ein Blatt des blauen Lotus

Die Stellen für die Nagelmale sind: Achselhöhle, Hals, Brüste, Lippen, Jaghana (die Leibesmitte) und Schenkel. Suvarnanabha ist allerdings der Meinung, dass die Stellen im

Feuer der Leidenschaft gleichgültig sind.

Perfekt geeignete Nägel sollten hell, wohlgeformt, sauber, makellos, gewölbt, weich und glänzend sein. Sie werden nach ihrer Größe in drei Typen eingeteilt:

Klein

Mittel

Groß

Große Nägel wie bei den Bengalesen verleihen Händen Eleganz und sprechen die Herzen der Frauen an.

Kleine Nägel wie bei den Menschen aus dem Süden sind sehr vielseitig und sollten nur zum Zweck der Lust eingesetzt werden.

Mittelgroße Nägel wie bei den Einwohnern von Maharashtra besitzen die Eigenschaften großer wie kleiner Nägel.

1 Wenn man das Kinn, die Brüste, die Unterlippe oder die Jaghana des anderen so sanft drückt, dass keine Kratzspuren entstehen, sondern sich nur die Haare am Körper aufrichten, und die Nägel selbst einen Ton machen, nennt man das ein „leicht eingedrücktes Mal“.

Dieses Drücken eignet sich für ein junges Mädchen, wenn ihr Liebster ihr die Haare wäscht, ihren Kopf kratzt und sie ärgern oder ängstigen will.

2 Das geschwungene Nagelmal am Hals und den Brüsten nennt man „halbmondförmig“.

3 Gegenüberliegende Halbmonde nennt man einen „Kreis“. Dieses Nagelmal macht man meist am Nabel, an den Grübchen des Gesäßes und an den Kniebeugen.

4 Ein „linienförmiges Mal“ kann an jeder Körperstelle hinterlassen werden.

5 Die gleiche kurze Linie, leicht gebogen und auf der Brust hinterlassen, nennt man „Tigerpranke“.

6 Ein mit fünf Nägeln auf der Brust geformtes gebogenes Mal nennt man „Pfauenkralle“. Dieses Mal heischt Lob, denn es erfordert großes Können.

7 Wenn fünf Male dicht nebeneinander nahe der Brustwarze gemacht werden, nennt man das „Hasenfährte“.

8 Ein Mal in Form eines Lotusblatts auf Brust oder Hüfte nennt man „Blatt des blauen Lotus“.

Wenn eine Person auf eine Reise geht und ein Mal auf der Hüfte oder den Brüsten hinterlässt, wird dies oft „Erinnerungsmal“ genannt. Hierfür werden mit den Nägeln drei oder vier Linien dicht beieinander eingedrückt.

Hiermit endet die Abhandlung über die Nagelmale. Mit den Nägeln lassen sich auch andere Male hinterlassen als die beschriebenen. Die alten Autoren sprechen von unzähligen weiteren Stufen des Könnens dieser allgemein bekannten Kunst, sodass es unzählige Formen der Male gibt. Da diese Male von der Leidenschaft diktiert sind, kann niemand mit Sicherheit sagen, wie viele unterschiedliche Arten von

Ein Mal
in Form eines
Lotusblatts auf
Brust oder Hüfte
nennt man „Blatt
des blauen
Lotus“.

Nagelmalen tatsächlich existieren. Der Grund liegt laut Vatsyayana darin, dass nicht nur Abwechslung in der Liebe notwendig ist, sondern Abwechslung auch die Liebe schürt. Aus diesem Grund sind in diesen Dingen erfahrene Kurtisanen so begehrt. Wenn Abwechslung schon in allen Künsten und Zerstreuungen gesucht wird, wie sehr erst muss sie in der Kunst der Liebe gesucht werden?

Nagelmale sollten nicht auf verheirateten Frauen hinterlassen werden. Man kann aber verborgene Male an intimen Stellen zur Erinnerung und zur Steigerung der Liebe machen.

Auch zu diesem Thema gibt es zwei Verse:

„Die Liebe einer Frau, die Nagelmale an intimen Körperstellen betrachtet, erwacht aufs Neue, selbst wenn sie alt und fast verschwunden sind. Wenn keine Male an die Hitze der Liebe erinnern, verblasst die Liebe auf die gleiche Weise, als wenn über lange Zeit keine Vereinigung stattfindet."

Selbst ein Fremder, der aus der Entfernung Nagelmale auf den Brüsten einer jungen Frau sieht[1], wird von Liebe und Respekt für sie erfüllt.

Auch ein Mann, der Zahn- und Nagelmale am Körper trägt, beeinflusst das Denken einer Frau, und sei sie noch so abgeneigt. Nichts kann die Liebe so anfachen, wie die Spuren von Nägeln und Zähnen.

1 Daraus lässt sich schließen, dass die Brüste der Frauen in alten Zeiten unbedeckt blieben, wie man es unter anderem auch auf den Höhlenmalereien von Ajanta sehen kann, wo selbst Damen von königlichem Stand mit bloßen Brüsten dargestellt werden.

„Die Liebe
einer Frau, die
Nagelmale an
intimen Körperstellen
betrachtet, erwacht
aufs Neue …“

Das Zahnmal und Frauen aus verschiedenen Ländern

Alle Körperstellen, die geküsst werden können, können auch gebissen werden, mit Ausnahme der Oberlippe, des Mundraums und der Augen.

Gute Zähne haben folgende Eigenschaften: Sie sollten gerade, angenehm hell, gut zu färben, wohl proportioniert, makellos und spitz sein.

Schlechte Zähne sind dagegen stumpf, vorstehend, rau, faulig, groß und lückenhaft.

Es gibt acht unterschiedliche Bisse:

Der verborgene Biss

Der geschwollene Biss

Der punktförmige Biss

Die punktierte Linie

Die Koralle und das Juwel

Die Juwelenkette

Die geborstene Wolke

Der Biss des Ebers

Alle Körperstellen, die geküsst werden können, können auch gebissen werden, mit Ausnahme der Oberlippe, des Mundraums und der Augen.

1 Der Biss, der nur an der leichten Rötung der gebissenen Stelle erkennbar ist, heißt „verborgener Biss“.

2 Wenn die Haut von beiden Seiten zusammengepresst wird, ist dies der „geschwollene Biss“.

گهی از بس نشاط انگیز پرواز
کبوتر چیره شد بر سینه باز
گوزن ماده میکوشید با شیر
بر وهم شیر نر شد عاقبت چیر
شگرفی کرد و تا خازن خبر داشت
بیاقوت از عقیقش مهر برداشت

3 Wenn ein kleines Stück Haut mit nur zwei Zähnen erfasst wird, ist dies der „punktförmige Biss“.

4 Wenn solch kleine Stücke mit allen Zähnen gebissen werden, nennt man das eine „punktierte Linie“.

5 Der Biss, der mit Zähnen und Lippen zusammen ausgeführt wird, heißt „die Koralle und das Juwel“. Die Lippen sind die Koralle, die Zähne sind das Juwel.

6 Wenn mit allen Zähnen gebissen wird, nennt man das „die Juwelenkette“.

7 Ein kreisförmiges Zahnmal mit unterschiedlich tiefen Eindrücken auf der Brust wird „geborstene Wolke“ genannt.

Sanskrit: Alles, was geküsst wird, kann gebissen werden – außer Oberlippe, Augen und Mundraum.

8 Der Biss mit vielen breiten Reihen von Zahnmalen und roten Zwischenräumen heißt „Biss des Ebers“. Dieses Mal wird auf Brüsten und Schultern gemacht. Die letzten beiden Bisse zeugen von großer Leidenschaft.

Der „verborgene Biss“, der „geschwollene Biss“ und der „punktförmige Biss“ werden an der Unterlippe hinterlassen. Der „geschwollene Biss“ und „die Koralle und das Juwel“ erfolgen auf der Wange. Küsse, Nagel- und Zahnmale sind der Schmuck der linken Wange und wenn das Wort „Wange“ fällt, ist immer die linke Wange gemeint.

> Wenn solch kleine Stücke Haut mit allen Zähnen gebissen werden, nennt man das eine „punktierte Linie“.

Sowohl die „punktierte Linie" als auch die „Juwelenkette" gehören auf Hals, Achselhöhle und Kniebeuge, aber nur „punktierte Linie" wird auf Stirn und Schenkeln gemacht.

Nagel- und Zahnmale auf Stirnschmuck, Ohrschmuck, einem Blumenstrauß, einem Betel- oder einem Tamalablatt, die einer Geliebten gehören oder von ihr getragen werden, sind Zeichen des Verlangens.

Hier endet die Abhandlung über die unterschiedlichen Zahnmale.

In Liebesdingen sollte sich ein Mann den Vorlieben der Frauen verschiedener Länder anpassen.

Die Frauen der zentralen Länder (zwischen Ganges und Jumna) sind von edlem Charakter und nicht an schmutzige Praktiken gewöhnt. Sie mögen keine Nagel- und Zahnmale.

Die Frauen aus Balhika lassen sich mit Schlägen gewinnen.

Die Frauen aus Avantika lieben unreine Praktiken und haben schlechte Manieren.

Die Frauen aus Maharashtra lieben die vierundsechzig Künste. Sie bevorzugen eine ordinäre Sprache und besitzen ein ungestümes Verlangen.

Die Frauen aus Pataliputra (dem heutigen Patna) gleichen den Frauen aus Maharashtra, zeigen ihre Vorlieben aber nur im Verborgenen.

Die Frauen aus Drawida besitzen einen langsamen Samenfluss, auch wenn sie während der Vereinigung gestreichelt und gedrückt werden.

Sie mögen also einen ausgedehnten Beischlaf.

Die Frauen aus Vanavasi sind mäßig leidenschaftlich. Sie praktizieren jede Form des Vergnügens, verhüllen ihre Körper und verachten jeden, der ordinär spricht.

In Liebesdingen sollte sich ein Mann den Vorlieben der Frauen verschiedener Länder anpassen.

Die Frauen aus Avanti verabscheuen Küsse, Nagel- und Zahnmale, lieben aber verschiedene Arten der sexuellen Vereinigung.

Die Frauen aus Malwa lieben Umarmungen und Küsse, aber keine Verletzungen, und lassen sich durch Schläge gewinnen.

Die Frauen aus Abhira und aus den Ländern des Indus und der fünf Flüsse (das heißt, dem Punjab) lieben Auparishtaka, den Mundverkehr.

Die Frauen aus Aparatika sind voller Leidenschaft und machen leise Summgeräusche.

Die Frauen aus Lat besitzen ein noch ungestümeres Verlangen und machen ebenfalls summende Geräusche.

Die Frauen aus Stri Rajya und Koshala (Oudh) sind voller ungestümen Verlangens. Ihr Samen fließt in großen Mengen, was sie gerne mit Medikamenten unterstützen.

Die Frauen aus Andhra haben zarte Glieder. Sie lieben Vergnügungen und unreine Freuden.

Die Frauen aus Gandak haben zarte Glieder und sprechen sanft.

Suvarnanabha zufolge ist das, was einer bestimmten Person angenehm ist, wichtiger als das, was einer ganzen Nation angenehm ist. Deshalb sollten die Besonderheiten eines Landes in diesen Fällen nicht beachtet werden. Vergnügungen, Mode und Sportarten des einen Landes finden sich mit der Zeit auch in anderen Ländern wieder und man sollte ihren Ursprung beachten.

Von den oben genannten Dingen wie Küssen, Umarmen und so weiter sollten diejenigen, die die Leidenschaft steigern, zuerst erfolgen, während alles, was der Unterhaltung dient, hinterher erfolgen kann.

Auch zu diesem Thema existieren einige Verse:

Von den oben genannten Dingen wie Küssen, Umarmen und so weiter sollten diejenigen, die die Leidenschaft steigern, zuerst erfolgen.

„Wenn ein Mann eine Frau zu stark beißt, sollte sie es ihm wütend und mit doppelter Kraft heimzahlen. Sie sollte dann das Haar ihres Liebsten ergreifen, seinen Kopf zu sich herunterziehen und seine Unterlippe küssen. Trunken vor Liebe, sollte sie die Augen schließen und ihn an verschiedenen Stellen beißen. Wenn er ihr die Male zeigt, die sie auf seinem Körper hinterlassen hat, sollte sie selbst am Tag und in der Öffentlichkeit lächeln, ihr Gesicht abwenden, als wollte sie ihn schelten, und ihm mit verärgertem Blick seine Male auf ihrem Körper zeigen. Wenn ein Mann und eine Frau so im Einklang miteinander leben, wird ihre Liebe selbst in hundert Jahren nicht verblassen."

Die verschiedenen Stellungen bei der Vereinigung

Bei der „hohen Vereinigung“ sollte sich die Mrigi-Frau (Reh) mit weit gespreizten Beinen hinlegen, während sich die Hastini-Frau (Elefantenkuh) bei der „niedrigen Vereinigung“ mit angezogenen Beinen hinlegen sollte. Bei einer „gleichwertigen Vereinigung“ sollten sie natürlich liegen. Das über Mrigi und Hastini Gesagte gilt auch für die Vadwa-Frau (Stute). Bei einer „niedrigen Vereinigung“ sollte die Frau zu Medizin greifen, damit ihr Verlangen schnell befriedigt wird.

Die Reh-Frau kann sich auf drei Arten hinlegen:

Die weit offene Stellung

Die gähnende Stellung

Die Stellung der Indrani

Wenn sie ihren Kopf ablegt und ihre Mitte hebt, nennt man das die „weit offene Stellung“. Hier sollte der Mann ein Gleitmittel verwenden, um das Eindringen zu erleichtern.

Wenn sie die Beine hebt und zur Vereinigung weit spreizt, nennt man das die „gähnende Stellung“.

Wenn sie ihre im Knie gebeugten Beine weit geöffnet an ihre Flanken legt, nennt man diese nur durch Übung zu erreichende Stellung „Stellung der Indrani“. Sie eignet

„Wenn
sie die Beine
hebt und zur
Vereinigung weit
spreizt, nennt
man das die
‚gähnende
Stellung'."

sich auch für den Fall der „höchsten Vereinigung“.

Außerdem gibt es die „klammernde Stellung“ für die „niedrige“ und „niedrigste Vereinigung“ sowie die „pressende Stellung“, die „umschlingende Stellung“ und die „Stutenstellung“.

Wenn die Beine von Mann und Frau gestreckt aufeinander liegen, nennt man das „klammernde Stellung“. Es gibt zwei Arten, die seitliche und die zurückgelehnte Stellung. In der seitlichen Variante sollte der Mann immer auf seiner linken Seite und die Frau auf ihrer rechten Seite liegen. Diese Regel ist bei der Vereinigung mit allen Arten von Frauen zu beachten.

Wenn die Vereinigung mit der klammernden Stellung begonnen hat und die Frau den Mann mit ihren

Schenkeln drückt, nennt man das die „pressende Stellung".

Wenn die Frau einen Schenkel über den ihres Liebsten legt, nennt man das die „umschlingende Stellung".

Wenn die Frau seinen Lingam nach dem Eindringen in ihrer Yoni festhält, nennt man das die „Stutenstellung". Dies erfordert einige Übung und findet sich vorwiegend bei den Frauen aus Andra.

Diese unterschiedlichen Stellungen werden von Babhravya beschrieben. Suvarnanabha nennt dazu noch folgende:

Wenn die Frau beide Schenkel steil hochhebt, nennt man das die „erhobene Stellung".

Wenn sie beide Beine auf die Schultern des Liebsten legt, nennt man das die „gähnende Stellung".

Wenn ihre Beine angezogen vor der Brust des Liebsten liegen, nennt man das die „niedergedrückte Stellung“.

Wenn dabei eines ihrer Beine ausgestreckt ist, nennt man das die „halb niedergedrückte Stellung“.

Wenn die Frau ein Bein auf seine Schulter legt und das andere ausstreckt, dieses dann auf seine Schulter legt und das andere Bein streckt und dies weiter abwechselnd tut, nennt man dies das „Bambusspalten“.

Wenn eines ihrer Beine auf seinem Kopf ruht und das andere ausgestreckt ist, nennt man das den „eingeschlagenen Nagel“. Dies erfordert einige Übung.

Wenn beide Beine der Frau angezogen auf ihrem Bauch ruhen, nennt man dies die „Krabbenstellung“.

„Wenn beide
Beine der Frau
angezogen auf
ihrem Bauch ruhen,
nennt man dies die
‚Krabbenstellung'."

Wenn die Schenkel der Frau erhoben und gekreuzt sind, nennt man das die „zusammengepferchte Stellung“.

Wenn die Unterschenkel gekreuzt sind, nennt man das die „Lotusstellung“.

Wenn ein Mann sich während der Vereinigung umdreht, ohne sie zu verlassen, während sie die ganze Zeit seinen Rücken umarmt, nennt man das die „drehende Stellung“. Sie erfordert viel Übung.

Dies sind die verschiedenen Vereinigungen im Liegen, Sitzen und Stehen. Solche im Sitzen oder Stehen sollten im Wasser geübt werden, wo sie leichter fallen. Allerdings hält Vatsyayana die Vereinigung im Wasser für unrein, weil sie von den Gesetzen der Religion verboten ist.

Wenn ein Mann sich an eine Wand stützt und die Frau auf seinen gefalteten Händen sitzend ihre Arme um seinen Nacken legt, seine Taille mit den Schenkeln umschließt und sich sanft mit den Füßen an der Wand abstößt, nennt man das die „schwebende Stellung“.

Wenn eine Frau auf allen Vieren steht und ihr Liebster sie wie ein Stier nimmt, nennt man dies die „Kuhvereinigung“. In dieser Stellung werden Nagelmale und ähnliches statt auf der Brust auf dem Rücken angebracht.

Auf die gleiche Weise führt man die Hundevereinigung, die Ziegenvereinigung, die Hirschvereinigung, das erzwungene Besteigen des Esels, die Katzenvereinigung, den Sprung des Tigers, das Drängen des Elefantenbullen, das Reiben des Ebers und das Besteigen des Hengstes aus. Dabei sollten die Eigenschaften der verschiedenen Tiere sich in Einzelheiten der Stellung zeigen.

Wenn ein Mann sich mit zwei Frauen vereinigt, die ihn beide gleich lieben, nennt man das die „gemeinsame Vereinigung“.

> Eine einfallsreiche Person sollte die verschiedenen Stellungen nach der Art der verschiedenen Tiere variieren …

Wenn ein Mann sich mit mehreren Frauen gleichzeitig vereinigt, nennt man das die „Kuhherden-Vereinigung“.

Bei den Vereinigungen, die im Wasser stattfinden, wie der Vereinigung eines Elefantenbullen mit vielen Kühen, der Vereinigung einer Ziegenherde und der Vereinigung einer Wildherde sollten diese Tiere auch imitiert werden.

In Gramanari befriedigen viele junge Männer die gleiche Frau, die mit einem von ihnen verheiratet sein mag, entweder einer nach dem anderen oder gleichzeitig. Dabei hält sie einer, einer befriedigt sie, ein dritter nutzt ihren Mund und ein vierter hält sie um die Mitte. Auf diese Weise wechseln sie sich reihum ab.

Das Gleiche kann vorkommen, wenn mehrere Männer mit einer Kurtisane zusammensitzen. Ebenso kann dies erfolgen, wenn die Frauen des königlichen Harems per Zufall eines Mannes habhaft werden.

Die Menschen im Süden praktizieren auch die Vereinigung im Anus, was eine „niedrige Vereinigung“ ist.

„Wenn
ein Mann sich
mit zwei Frauen
vereinigt, ... nennt man
das die ‚gemeinsame
Vereinigung'."

Dies beschließt die verschiedenen Stellungen. Zu diesem Thema existiert ein Vers:

„Eine einfallsreiche Person sollte die verschiedenen Stellungen nach der Art der verschiedenen Tiere variieren, denn diese unterschiedlichen Stellungen, ausgeführt nach Sitte des Landes und individueller Neigung, führen bei den Frauen zu Liebe, Freundschaft und Respekt.“

Die verschiedenen Schläge und die ihnen entsprechenden Laute

Die sexuelle Vereinigung mit ihren Gegensätzen und Streitereien kann mit einem Kampf verglichen werden. Daher steigern Schläge auf den Körper die Leidenschaft. Die geeigneten Stellen sind:

Die Schultern

Der Kopf

Der Busen zwischen den Brüsten

Der Rücken

Die Jaghana oder Rumpfmitte

Die Seiten

Es gibt vier Arten von Schlägen:

Schläge mit dem Handrücken

Schläge mit leicht gekrümmten Fingern

Schläge mit der Faust

Schläge mit der offenen Handfläche

Da dies Schmerzen verursacht, führt das Schlagen zum Schreien, von dem es acht Arten gibt:

Den Laut *Hin*

Den donnernden Laut

Den gurrenden Laut

Den weinenden Laut

Den Laut *Phut*

Den Laut *Phāt*

Den Laut *Sūt*

Den Laut *Plāt*

Der Busen zwischen den Brüsten sollte mit dem Handrücken geschlagen werden.

Daneben gibt es auch Wörter mit Bedeutung, wie „Mutter“, und solche, die Ablehnung, Sättigung, Wunsch nach Befreiung, Schmerz oder Lob ausdrücken und denen Geräusche wie von Tauben, Kuckucken, Papageien, Bienen, Spatzen, Flamingos, Enten und Wachteln hinzugefügt werden können.

Schläge mit der Faust sollten auf den Rücken der Frau erfolgen, während sie auf dem Schoß des Mannes sitzt, und sie sollte sie erwidern und den Mann beschimpfen, als ob sie ärgerlich sei, und gurrende und weinende Laute machen. Während der Vereinigung selbst sollte der Busen zwischen den Brüsten mit dem Handrücken geschlagen werden, zunächst langsam und dann mit steigender Leidenschaft immer stärker.

Das Geräusch *Phat* erinnert an gespaltenen Bambus.

Zu diesem Zeitpunkt können, je nach Neigung, Laute wie *Hin* und ähnliche gemacht werden. Wenn der Mann, den Laut *Phat* machend, der Frau mit leicht gekrümmten Fingern auf den Kopf schlägt, nennt man dies Prasritaka. In diesem Fall sind gurrende Laute und die Laute *Phat* und *Phut,* nach der Vereinigung die seufzenden und gurrenden Laute

angemessen. Das Geräusch *Phat* erinnert an gespaltenen Bambus, während der Laut *Phut* an eine ins Wasser fallende Beere gemahnt. Wenn der Mann sie mit Küssen und anderen Dingen erregt, sollte die Frau mit küssenden Lauten antworten. Wenn eine Frau nicht an das Schlagen gewöhnt ist, äußert sie fortwährend Worte der Ablehnung, Sättigung und des Wunschs nach Befreiung sowie die Wörter „Vater“ und „Mutter“, durchsetzt mit dem seufzenden, dem weinenden und dem donnernden Laut. Gegen Ende der Vereinigung sollten die Brüste, die Jaghana und die Seiten der Frau mit einiger Kraft mit den offenen Handflächen geschlagen werden, begleitet von Lauten wie von Wachtel oder Gans.

Auch zu diesem Thema existieren zwei Verse:

„Die Eigenschaften der Männlichkeit sind Schroffheit und Ungestüm, während die Weiblichkeit sich durch Schwäche, Zartheit und die Neigung auszeichnet, sich von unangenehmen Dingen abzuwenden. Das Feuer der Leidenschaft und die Eigenheiten einer Stellung können manchmal das Gegenteil erscheinen lassen, aber dies dauert nicht lange und am Ende ist der natürliche Zustand wieder hergestellt."

Weitere Formen des Schlages sind der Keil auf den Busen, die Schere auf den Kopf, das Bohrgerät für die Wangen und die Zange für die Brüste und die Seiten, die neben den anderen vier Arten des Schlagens in Betracht kommen, sodass sich insgesamt acht Arten ergeben. Aber diese vier Schläge mit Gegenständen finden sich eher bei den Leuten aus dem Süden und die von ihnen verursachten Male sind auf den Brüsten ihrer Frauen zu sehen. Dies sind lokale Eigenheiten, aber Vatsyayana hält sie für schmerzhaft, barbarisch und primitiv und nicht zur Nachahmung geeignet.

Generell sollten keine lokalen Eigenheiten anderswo angenommen werden und selbst wo sie üblich sind, sollte ein Übermaß vermieden werden. Die folgenden Beispiele zeigen die Gefahren auf. Der König der Panchala tötete die Kurtisane Madhavasena bei der Vereinigung mit dem Keilschlag. König Satakarni von den Kuntala raubte seiner Königin Malayavati mit einer Schere das Leben und Naradeva, dessen Hand verkrüppelt war, blendete ein Tanzmädchen mit einem falsch gehaltenen Bohrgerät.

Auch zu diesem Thema existieren zwei Verse:

„Zu all diesen Dingen kann es weder eine erschöpfende Aufzählung noch eine feste Regel geben. Sobald es zur Vereinigung kommt, werden alle Handlungen ausschließlich von der Leidenschaft diktiert.“

Solche aus dem Augenblick und im Moment der sexuellen Erregung geborenen Handlungen können nicht definiert werden und sind unfassbar wie die Träume. Ein Pferd in vollem Galopp rennt blind weiter und achtet nicht auf Löcher, Gräben und Säulen; gleichermaßen wird ein Liebespaar in der Hitze der Vereinigung blind vor Leidenschaft und handelt voller Ungestüm, ohne im Geringsten auf

Sobald es zur Vereinigung kommt, werden alle Handlungen ausschließlich von der Leidenschaft diktiert.

Solche
aus dem Augenblick
und im Moment
der sexuellen
Erregung geborenen
Handlungen können
nicht definiert
werden und sind
unfassbar wie
die Träume.

den Exzess zu achten. Aus diesem Grund sollte der in Liebesdingen Erfahrene, der sich sowohl seiner eigenen Stärken und Schwächen als auch der Zartheit, Unbekümmertheit und Stärke der jungen Frau bewusst ist, entsprechend handeln. Die verschiedenen Formen des Vergnügens sind nicht für jede Zeit und jede Person geeignet, sondern sollten zur richtigen Zeit und in den angemessenen Ländern und Orten angewendet werden.

Die Frau in der Rolle des Mannes und die Aufgabe des Mannes

Wenn eine Frau sieht, dass ihr Liebster von der fortgesetzten Vereinigung erschöpft, sein Verlangen aber noch nicht befriedigt ist, sollte sie ihn mit seiner Erlaubnis auf den Rücken legen und ihn unterstützen, indem sie seine Rolle übernimmt. So kann sie die Neugier des Liebsten und ihr Verlangen nach Abwechslung befriedigen.

Dafür gibt es zwei Möglichkeiten: Bei der ersten wendet sie sich während der Vereinigung ohne loszulassen nach oben auf ihren Liebsten, bei der zweiten übernimmt sie seine Rolle von Anfang an. Während Blumen aus

Wenn
eine Frau sieht,
dass ihr Liebster
von der fortgesetzten
Vereinigung erschöpft,
sein Verlangen aber
noch nicht befriedigt
ist, sollte sie ihn mit
seiner Erlaubnis auf
den Rücken legen
und ihn unterstützen,
indem sie seine Rolle
übernimmt.

ihrem aufgelösten Haar fallen und ihr Lachen durch erregtes Atmen unterbrochen wird, drückt sie ihre Brüste auf seine Brust. Indem sie regelmäßig den Kopf senkt, sollte sie ihm heimzahlen, was er zuvor mit ihr getan hat. Sie sollte sagen: „Ich wurde von dir auf den Rücken gelegt und mit harter Vereinigung erschöpft; jetzt werde ich dich auf den Rücken legen." Dann sollte sie ihre eigene Schamhaftigkeit wiederfinden und erschöpft das Zeichen zur Beendigung der Vereinigung geben. So sollte sie die Aufgaben des Mannes übernehmen, die wir im Anschluss beschreiben wollen.

Die Aufgabe des Mannes ist alles, was nötig ist, um einer Frau Vergnügen zu bereiten:

Während die Frau auf seinem Bett liegt und von seiner Konversation abgelenkt ist, löst er den Knoten ihres Untergewands, und wenn sie ihn hindern will, überwältigt er sie mit Küssen. Wenn dann sein Lingam aufgerichtet ist, sollte er sie sanft an verschiedenen Körperstellen streicheln. Ist die Frau schamhaft und ist es die erste Vereinigung der beiden, sollte er seine Hände zwischen ihre wahrscheinlich eng geschlossenen Schenkel schieben. Bei einem sehr jungen Mädchen sollte er zunächst ihre Brüste, die sie vielleicht mit den Händen bedeckt, ihre Achselhöhlen und ihren Hals streicheln. Ist sie hingegen eine erfahrene Frau, können alle Handlungen den beiderseitigen Wünschen überlassen werden. Anschließend sollte er ihr Haar ergreifen, ihr Kinn mit den Fingern halten und sie küssen. Ein junges Mädchen wird dabei schamhaft die Augen schließen. Er sollte auf jeden Fall aus ihren Handlungen schließen, was für sie während der Vereinigung angenehm ist.

Hier empfiehlt Suvarnanabha, dass der Mann während der Vereinigung immer den Stellen am Körper der Frau besondere Aufmerksamkeit widmen soll, auf die sie blickt.

Erfüllung und Befriedigung zeigen sich bei der Frau wie folgt: Ihr Körper entspannt sich, sie schließt die Augen, legt alle Schamhaftigkeit ab und zeigt zunehmende Bereitschaft, die beiden Organe so fest zu vereinigen wie möglich. Auf der anderen Seite sind die Zeichen fehlender Erfüllung und mangelnder Befriedigung folgende: Sie schüttelt die Hände, lässt den Mann nicht aufstehen, fühlt sich zurückgewiesen, beißt und tritt den Mann und bewegt sich noch weiter, nachdem der Mann bereits aufgehört hat. In diesen Fällen sollte der Mann vor der Vereinigung die Yoni der Frau mit seiner Hand und den Fingern reiben (so wie der Elefant etwas mit dem Rüssel reibt), bis sie weich ist. Dann erst sollte er mit seinem Lingam in sie eindringen.

Die vom Mann zu vollführenden Stöße sind:

Vorwärtsbewegung

Buttern

Durchbohren

Reiben

Drücken

Schlagen

Eberstoß

Stierstoß

Spatzentanz

1 Wenn die Organe direkt zusammengeführt werden, nennt man das „Vorwärtsbewegung“.

2 Wenn der Lingam mit der Hand gehalten und nach allen Seiten in der Yoni herumbewegt wird, nennt man das „Buttern“.

3 Wenn die Yoni abgesenkt und ihr oberer Teil mit dem Lingam gestoßen wird, nennt man das „Durchbohren“.

4 Wenn das Gleiche mit dem unteren Teil geschieht, nennt man das „Reiben“.

5 Wenn der Lingam über lange Zeit in die Yoni gedrückt wird, nennt man das „Drücken“.

6 Wenn der Lingam ein Stück weit aus der Yoni herausgezogen und dann mit Kraft gegen sie geschlagen wird, nennt man das „Schlagen“.

7 Wenn nur eine Seite der Yoni mit dem Lingam gerieben wird, nennt man das „Eberstoß“.

8 Wenn beide Seiten der Yoni mit dem Lingam gerieben werden, nennt man das „Stierstoß“.

9 Wenn der Lingam regelmäßig in der Yoni vor und zurück bewegt, aber nicht herausgezogen wird, nennt man das „Spatzentanz“. Dies findet gegen Ende der Vereinigung statt.

Wenn eine Frau die Rolle eines Mannes übernimmt, muss sie zusätzlich zu den neun Dingen noch folgendes tun:

Die Zange

Der Kreisel

Die Schaukel

1 Wenn eine Frau den Lingam in ihrer Yoni festhält, tiefer in sich zieht, drückt und so lange Zeit in sich behält, nennt man das „die Zange".

2 Wenn die sich während der Vereinigung auf ihm dreht, nennt man das den „Kreisel". Dies erfordert viel Übung.

3 Wenn der Mann bei einer solchen Gelegenheit das Becken hebt und die

Frau ihr Becken nach allen Seiten schaukelt, nennt man das „die Schaukel“.

Wenn die Frau müde ist, sollte sie ihre Stirn an die des Liebsten legen und sich ausruhen, ohne die Vereinigung der Organe zu unterbrechen. Nach der Pause sollte der Mann sie auf den Rücken drehen und erneut mit der Vereinigung beginnen.

Auch zu diesem Thema existieren einige Verse:

„Eine Frau mag zurückhaltend sein und ihre Gefühle verbergen, aber wenn sie auf dem Mann sitzt, zeigt sie all ihre Liebe und Verlangen. Ein Mann sollte aus den Handlungen der Frau ihren Charakter und ihre Vorlieben ableiten. Eine Frau sollte nicht die Rolle des Mannes übernehmen, wenn sie ihre Monatsregel hat, kürzlich entbunden hat oder fett ist.“

Auparishtaka[1], die Mundvereinigung

Die Acharyas (altehrenwerte Autoren) halten Auparishtaka für die Vereinigung eines Mannes und eines Hundes, weil es verabscheuungswürdig ist und den Gesetzen der Heiligen Schriften (Dharma Shastra) widerspricht und weil ein Mann selbst Abscheu verspürt, wenn er seinen Lingam mit dem Mund eines Eunuchen oder einer Frau in Kontakt bringt. Vatsyayana widerspricht, dass die Regeln der Heiligen Schriften die nicht beeindrucken, die sich mit Kurtisanen abgeben, und dass das Gesetz Auparishtaka nur mit

1 Diese Praxis scheint in einigen Teilen Indiens seit alten Zeiten vorgeherrscht zu haben.

verheirateten Frauen verbietet. Den ungesunden Folgen für den Mann lässt sich leicht begegnen.

Die Menschen aus dem Osten Indiens lehnen Frauen ab, die Auparishtaka praktizieren.

Die Menschen aus Ahichhatra vereinigen sich mit solchen Frauen, meiden aber den Mundverkehr.

Die Menschen aus Saketa pflegen jede Art des Mundverkehrs mit diesen Frauen, während die Menschen aus Nagara diesen nicht praktizieren, aber alles andere.

Die Menschen aus Shurasena am Südufer des Jumna tun alles ohne Zögern, da für sie alle Frauen unrein sind und daher niemand sich ihres Charakters, ihrer Reinheit, ihres Benehmens, ihrer Praktiken, ihres

Das ca. 2000 Jahre alte medizinische Werk *Shushruta* beschreibt die Verletzung des Lingam durch Bisse als eine der Ursachen für eine in diesem Buch abgehandelte Krankheit. Darstellungen des Oralverkehrs finden sich bis ins 8. Jhdt. hinein in Form von Steinstatuen in vielen Shaiva-Tempeln in Bhubaneshwar, nahe Cuttack in Orissa, die aus dieser Zeit stammen. Daraus lässt sich schließen, dass Oralsex in dieser Region populär war. In Hindustan finden sich heute kaum Spuren, vermutlich wurde der Oralsex während der moslemischen Herrschaft durch die Sodomie ersetzt.

Sanskrit: Wenn es im Mund erfolgt und nicht weiter unten, nennen wir es „Oralsex“.

Glaubens oder ihrer Sprache sicher sein kann. Sie werden dennoch nicht abgelehnt, da die Gesetze des Glaubens sie rein sprechen, denn das Euter einer Kuh gilt beim Melken als rein, auch wenn das Maul der Kuh und ihres Kalbes bei den Hindus als unrein gelten. So ist auch ein Hund bei der Jagd rein, wenn er das Wild schlägt, obwohl von ihm berührte Speisen ansonsten äußerst unrein sind. Ein Vogel ist rein, wenn er eine Frucht beim Picken vom Baum fallen lässt, obwohl von Krähen und anderen Vögeln verspeiste Dinge als unrein gelten. So ist auch der Mund der Frau bei der sexuellen Vereinigung rein für Küsse und

> Jeder sollte in Liebesdingen … seinen Neigungen folgen.

ähnliches. Außerdem glaubt Vatsyayana, dass jeder in Liebesdingen den Gebräuchen seines Landes und seinen Neigungen folgen soll.

Auch zu diesem Thema existieren einige Verse:

„Manche Diener pflegen den Mundverkehr mit ihren Herren ebenso, wie manche eng vertraute Bürger untereinander. Auch Haremsfrauen frönen dem gegenseitigen Mundverkehr und manche Männer tun dies auch mit Frauen. Die Yoni wird dabei ähnlich geküsst wie der Mund. Wenn ein Mann und eine Frau umgekehrt nebeneinander liegen, sodass der Kopf des einen jeweils nahe den Füßen des anderen liegt, und sie sich so vereinigen, nennt man das die „Vereinigung einer Krähe“.

„Wenn
ein Mann und
eine Frau umgekehrt
nebeneinander liegen,
sodass der Kopf des
einen jeweils nahe den
Füßen des anderen
liegt, und sie sich so
vereinigen, nennt man
das die ‚Vereinigung
einer Krähe‘“.

Aus den genannten Gründen lassen Kurtisanen tugendhafte und freizügige Männer im Stich und wenden sich niederen Personen wie Sklaven und Elefantentreibern zu. Die Auparishtaka, die Mundvereinigung, sollte niemals von einem studierten Brahmanen, einem Minister des Staates oder einem Mann von gutem Ruf ausgeführt werden. Die Praxis ist zwar durch die Shastra erlaubt, aber das ist kein Grund, sich ihr hinzugeben. So werden zum Beispiel in medizinischen Schriften die geschmacklichen und gesundheitlichen Qualitäten von Hundefleisch gepriesen, was aber nicht heißt, dass kluge Männer es auch essen sollten. Genauso ist es mit bestimmten Praktiken in Hinblick auf gewisse Männer, gewisse Orte und gewisse Zeiten. Ein Mann sollte also auf den

Ort, den Zeitpunkt und die in Frage stehende Praxis achten und entscheiden, ob sie für ihn annehmbar und unter den gegebenen Umständen zulässig ist. Letztlich aber werden diese Dinge im Geheimen praktiziert und da der Geist des Mannes wetterwendisch ist, lässt sich niemals sagen, was ein Mensch zu welcher Zeit und aus welchen Gründen tun wird."

Anfang & Ende der Vereinigung; Arten der Vereinigung und Liebesstreitigkeiten

Im mit Blumen geschmückten und duftenden Schlafzimmer empfängt der Hausherr in Begleitung seiner Freunde und Diener die gebadete und schön geputzte Dame und lädt sie zum Gelage ein. Er sollte sie links von sich sitzen lassen, ihr Haar streicheln, den Knoten ihres Gewandes berühren und sie sanft mit seinem rechten Arm umarmen. Dann sollten sie die amüsante Unterhaltung über die verschiedenen Themen fortsetzen und sie können auch über Dinge sprechen, die allgemein in der Gesellschaft als ordinär gelten. Sie können mit oder ohne mimische Darstellung singen und auf Instrumenten spielen, über die Künste reden und sich gegenseitig zum Trinken anhalten. Wenn die Frau schließlich von Liebe und Verlangen überwältigt wird, sollte der Hausherr die übrigen Anwesenden mit Blumen, Salben und Betelblättern beschenkt wegschicken. Wenn die beiden schließlich alleine sind, sollten sie wie in den früheren Kapiteln beschrieben fortfahren.

Dies ist der Anfang der sexuellen Vereinigung. Nach ihrem Ende sollten die Liebenden tugendhaft aneinander vorbeischauen und getrennt zum Waschraum gehen. Anschließend sitzen sie jeder auf seinem Platz und essen Betelblätter. Der Hausherr sollte den Körper seiner Geliebten eigenhändig mit reiner Sandelholzpaste salben. Anschließend sollte er seinen linken Arm um sie legen und

„Wenn
die Frau
schließlich von
Liebe und Verlangen
überwältigt wird,
sollte der Haus-
herr die übrigen
Anwesenden …
wegschicken. Wenn
die beiden schließlich
alleine sind, sollten sie
wie in den früheren
Kapiteln beschrieben
fortfahren."

sie mit sanfter Rede auffordern, aus seinem Kelch zu trinken, oder ihr Wasser anbieten. Sie können zusammen Konfekt und andere Leckereien nach Geschmack zu sich nehmen und frischen Saft[1] trinken. Hier bieten sich Suppe, Haferschleim, Fleischbrühe, Sorbets, Mangosaft, mit Zucker gemischter Zitronensaft und alle anderen süßen, weichen und reinen Speisen an. Die Liebenden können auch auf der Terrasse des Palasts oder Hauses sitzen und den Mondschein bei angenehmer Konversation genießen. Zu dieser Zeit, wenn sie mit zum Himmel gehobenem Blick in seinem Schoß ruht, sollte der Hausherr ihr die Planeten, den

> Wenn sie mit zum Himmel gehobenem Blick in seinem Schoß ruht, sollte der Hausherr ihr die Planeten . . . zeigen.

1 In Indien trinkt man gerne den frischen Saft von Kokos-, Dattel- und anderen Palmen. Er hält sich nicht lange frisch und vergärt schnell. Anschließend wird er zu Schnaps destilliert.

Morgenstern, den Nordstern und den Großen Bär zeigen.

So endet die sexuelle Vereinigung.

Es gibt verschiedene Arten der Vereinigung:

Vereinigung aus Liebe

Vereinigung aus entstehender Liebe

Vereinigung aus gekünstelter Liebe

Vereinigung aus übertragener Liebe

Vereinigung wie von Eunuchen

Betrügerische Vereinigung

Vereinigung aus spontaner Liebe

1 Wenn ein Man und eine Frau, die sich schon länger lieben, unter großen Schwierigkeiten zusammenkommen, oder wenn einer von beiden von einer Reise zurückkehrt, oder wenn sie sich nach einem Streit versöhnen, nennt man dies „Vereinigung aus Liebe". Sie verläuft nach dem Wunsch der Liebenden und so lange sie es wünschen.

2 Wenn zwei frisch verliebte Personen zusammenkommen, nennt man das „Vereinigung aus entstehender Liebe".

3 Wenn ein Mann die Vereinigung vollzieht, indem er sich selbst mithilfe der vierundsechzig Künste erregt, oder wenn ein Mann und eine Frau zusammenkommen, obwohl sie in Wirklichkeit beide andere Personen lieben, nennt man dies „Vereinigung

aus gekünstelter Liebe“. Hier sollten alle Mittel und Künste des *Kama Shastra* angewendet werden.

4 Wenn ein Mann die Vereinigung mit einer Frau vollzieht, dabei aber die ganze Zeit an die Frau denkt, die er liebt, nennt man das „Vereinigung aus übertragener Liebe“.

5 Die Vereinigung zwischen einem Mann und einer Wasserträgerin oder einer Dienerin aus einer niedrigeren Kaste, die nur bis zur unmittelbaren Befriedigung der Lust dauert, nennt man „Vereinigung wie von Eunuchen“. Hier sind äußere Berührungen und Liebkosungen unangebracht.

6 Die Vereinigung zwischen einer Kurtisane und einem Bauern und die zwischen einem Bürger und einer Frau

vom Dorf oder aus dem Ausland nennt man „betrügerische Vereinigung“.

7 Die Vereinigung zwischen zwei einander zugetanen Personen, die ganz ungezwungen nach ihrem Willen vollzogen wird, nennt man „spontane Vereinigung“.

Damit endet die Betrachtung der verschiedenen Arten von Vereinigung.

Sprechen wir nun über die Liebesstreitigkeiten.

Eine Frau, die einen Mann sehr liebt, kann die Erwähnung einer Rivalin oder Gespräche über sie nicht ertragen, noch erträgt sie es, versehentlich mit ihrem Namen angesprochen zu werden. In diesem Fall bricht ein heftiger Streit aus, bei dem die Frau weint, wütend wird, ihr gelöstes Haar umherschleudert, ihren Liebsten schlägt, vom Bett oder Stuhl fällt, ihren Schmuck von sich schmeißt und sich zu Boden wirft.

Nun sollte ihr Geliebter versuchen, sie mit Worten zu beruhigen, sie sanft aufzuheben und wieder aufs Bett zu legen. Sie aber sollte nicht auf seine Anrede reagieren, sondern seinen Kopf an den Haaren herabziehen, ihn ein, zwei oder drei Mal gegen Arme, Kopf, Brust oder Rücken treten und sich dann zur Tür des Zimmer begeben. Dattaka sagt, sie solle wütend und weinend neben der Tür sitzen, aber nicht gehen, weil sie missverstanden werden könnte, ginge sie wirklich hinaus. Nach einiger Zeit, wenn sie denkt, dass die ent-

> Eine Frau, die einen Mann sehr liebt, kann die Erwähnung einer Rivalin … nicht ertragen.

schuldigenden Worte und Handlungen des Liebsten nicht mehr zu steigern sind, sollte sie ihn umarmen und ihn mit harten Worten schelten, aber gleichzeitig auch liebevolles Verlangen nach der Vereinigung zeigen.

Wenn eine Frau in ihrem Haus mit ihrem Liebsten gestritten hat, sollte sie zu ihm gehen, ihm zeigen, wie wütend sie ist, und ihn verlassen. Nachdem der Bürger den Vita, den Vidushaka oder den Pithamarda gesandt hat, um sie friedfertiger zu stimmen, sollte sie diesen zu Pferde zurück zum Haus begleiten, um die Nacht mit ihrem Geliebten zu verbringen.

Hiermit endet die Betrachtung der Liebesstreitigkeiten.

Ein Mann, der die vierundsechzig Künste beherrscht, erreicht immer sein Ziel und besitzt die schönsten Frauen. Auch wenn er gelehrt über andere Dinge spricht, wenn er mit den vierundsechzig Künsten nicht vertraut ist, wird man ihm niemals Respekt zollen. Ein Mann, der keine weiteren Kenntnisse besitzt, aber die vierundsechzig Künste beherrscht, erhält die Führung in jeder Gesellschaft von Männern und Frauen. Welcher Mann respektiert nicht die vierundsechzig Künste, werden sie doch von den Weisen, den Schlauen und den Kurtisanen respektiert? Weil die vierundsechzig Künste respektiert

> Ein Mann, der die vierundsechzig Künste beherrscht, wird … mit Liebe betrachtet.

sind, bezaubern und den Charakter von Frauen steigern, sind sie laut den Acharyas den Frauen lieb. Ein Mann, der die vierundsechzig Künste beherrscht, wird von seiner eigenen Frau, den Frauen anderer und den Kurtisanen mit Liebe betrachtet.

ÜBER DAS FINDEN EINER FRAU

Die Heirat

Wenn eine Jungfrau aus der gleichen Kaste nach den Vorschriften der Heiligen Schriften (Dharma Shastra) verheiratet wird, sind die Resultate dieser Verbindung: Erwerb von Sharma und Artha, Nachwuchs, gegenseitige Anziehung, ein größerer Freundeskreis und reine Liebe. Deshalb sollte ein Mann nach einem Mädchen aus guter Familie suchen, dessen Eltern beide leben und das drei oder vier Jahre jünger ist als er. Sie sollte aus einer hochrespektablen, sehr wohlhabenden Familie mit guten Beziehungen und vielen Verwandten und Freunden stammen. Außerdem sollte sie schön sein, einen guten Charakter haben, Glück versprechende Male am Körper tragen und schöne Haare, Nägel, Zähne, Ohren, Augen und Brüste im richtigen Maß besitzen und gesund sein. Natürlich sollte der Mann dieselben Vorzüge besitzen. Aber in allen Fällen sollte ein Mädchen, das nicht länger Jungfrau ist, laut Ghotakamukha niemals geliebt werden, denn es wäre abscheulich, so etwas zu tun.

Um nun eine Hochzeit mit einem Mädchen wie oben beschrieben in die Wege zu leiten, sollten sich die Eltern und Verwandten des Mannes, nach Kräften von Freunden beider Seiten unterstützt, bemühen. Diese Freunde sollten den Eltern des Mädchens sämtliche Fehler aller anderen Mitbewerber vor Augen führen und gleichzeitig bis zur Übertreibung alle

Ein Mädchen
soll zur Frau
genommen und
verheiratet werden,
wenn Schicksal,
Omen und die
Worte anderer
vorteilhaft
sind.

Vorzüge ihres Freundes betonen, um sie, und vor allem die Mutter, ihm zugeneigt zu machen. Einer der Freunde sollte sich außerdem als Astrologe verkleiden und zukünftiges Glück und Reichtum seines Freundes anhand all der Glück verheißenden Omen[1] und Zeichen[2], des günstigen Einflusses der Planeten, des Erfolg versprechenden Eintritts der Sonne in ein Sternzeichen und der Glück verheißenden Male auf seinem Körper voraussagen. Andere wiederum sollten die Eifersucht der Mutter wecken, indem sie auf die Möglichkeit ihres Freundes hinweisen, eine noch bessere Partie mit einem anderen Mädchen zu machen.

Laut Ghotakamukha soll ein Mädchen zur Frau genommen und verheiratet werden, wenn Schicksal, Omen und die Worte[3] anderer

Sanskrit: Bei der Wahl der Braut sollten Mutter, Vater, Verwandte und alle anderen, deren Rat gefragt ist, die Anfragen machen.

vorteilhaft sind, denn ein Mann sollte nicht allein über seine Hochzeit entscheiden. Ein Mädchen, das beim Besuch des Freiers im Haus schläft, weint oder aus dem Haus gegangen ist, oder das bereits einmal versprochen wurde, soll nicht geheiratet werden.

Wenn ein Mädchen heiratsfähig wird, sollten die Eltern sie schön kleiden und so platzieren, dass sie gut zu sehen ist. Jeden Nachmittag sollten sie sie ordentlich gekleidet und herausgeputzt mit ihren Freundinnen zu Sportveranstaltungen, Opferfeiern und Hochzeiten schicken, um ihre Vorzüge in der Öffentlichkeit zu präsentieren, denn sie ist eine Art von Handelsware. Sie sollten auch alle, die unter günstigen Vorzeichen mit Freunden und Verwandten zu Besuch kommen, um die Tochter zu freien,

1 Fliegt ein Blauhäher auf der Linken vorbei, ist dies ein geschäftlich günstiges Omen. Das Erscheinen einer Katze gilt als schlechtes Omen. Es existieren zahllose weitere Omen.

2 Wie das Zucken des rechten Auges bei Männern und des linken Auges bei Frauen usw.

3 Vor einem Unternehmen schleicht man frühmorgens zum Haus eines Nachbarn und belauscht die ersten Worte, die in der Familie gesprochen werden. Je nach guter oder schlechter Bedeutung dieser Worte schließt man auf Erfolg oder Misserfolg des Unternehmens.

Wenn ein Mädchen heiratsfähig wird, sollten die Eltern sie ... so platzieren, dass sie gut zu sehen ist.

mit großer Gastfreundschaft behandeln und das vorteilhaft gekleidete Mädchen unter einem Vorwand präsentieren. Danach sollten sie es dem Schicksal überlassen, an einem günstigen Tag eine Entscheidung über die Hochzeit zu fällen. Bei dieser Gelegenheit sollten sie die Besucher zum Bad und zum Essen einladen und sagen: „Alles wird sich zur richtigen Zeit ergeben“, statt sich auf einen Termin festzulegen.

Wenn ein Mädchen so gefreit wurde, sollte der Mann sie entweder nach den Gebräuchen des Landes oder nach seinen eigenen Vorstellungen in Übereinstimmung mit den

Vorschriften der Heiligen Schriften heiraten.

Hiermit endet die Betrachtung der Heirat.

Auch zu diesem Thema existieren einige Verse:

„Bei Vergnügungen in der Öffentlichkeit wie dem Vervollständigen von Versen, Hochzeiten und anderen Zeremonien sollten weder zu Alte noch zu Junge, sondern möglichst nur Gleichaltrige teilnehmen. Wenn ein Mann nach der Heirat von der Familie der Frau wie ein Diener behandelt wird, nennt man das eine hohe Verbindung, die von allen Weisen abgelehnt wird. Andererseits nennt man eine Verbindung, bei der sich der Mann mit seinen Verwandten über seine Frau erhebt, eine niedrige Verbindung. Wenn sich aber Mann und Frau aneinander erfreuen und die Verwandten beider Seiten sich mit Respekt begegnen, nennt man das eine Verbindung im wahrsten Wortsinn. Deshalb sollte ein Mann weder eine hohe Verbindung anstreben, bei der er sich seiner Verwandtschaft beugen muss, noch eine niedrige Verbindung, die von allen verabscheut wird."

„Wenn
sich aber Mann
und Frau aneinander
erfreuen und die
Verwandten beider
Seiten sich mit
Respekt begegnen,
nennt man das
eine Verbindung
im wahrsten
Wortsinn."

Wie man das Vertrauen des Mädchens gewinnt

In den ersten drei Tagen nach der Hochzeit sollten das Mädchen und ihr Ehemann auf dem Boden schlafen, sich sexueller Freuden enthalten und ihre Speisen ungewürzt und ungesalzen zu sich nehmen. In den nächsten sieben Tagen sollen sie zum Klang von Musikinstrumenten baden, sich schmücken, zusammen zu Abend essen und sowohl ihren Verwandten als auch allen Besuchern, die zur Hochzeit gekommen sind, ihre Reverenz erweisen.

Dies gilt für Angehörige aller Kasten. In der zehnten Nacht sollte der Mann mit sanften Worten das Vertrauen des Mädchens gewinnen. Manche Autoren raten, er solle drei Tage nicht mit ihr sprechen, um sie zu gewinnen, aber die Anhänger von Babhravya meinen, dass sie ihn dann für leblos wie eine Säule hält und ihn als Eunuchen verachtet. Vatsyayana sagt, der Mann solle sie zu gewinnen versuchen und ihr Vertrauen zu erlangen, aber zunächst von sexueller Annäherung absehen. Da Frauen von Natur zart sind, mögen sie eine zarte Annäherung und können leicht auf Dauer von der sexuellen

> Da Frauen von Natur zart sind, mögen sie eine zarte Annäherung.

Vereinigung abgeschreckt werden, wenn sich ein Mann, den sie kaum kennen, ihnen zu stürmisch nähert. Der Mann sollte sich daher nach ihren Vorlieben richten und langsam ihr Vertrauen gewinnen. Dazu stehen ihm folgende Mittel zur Verfügung:

Er sollte sie zunächst kurz in einer Art umarmen, die ihr gefällt.

Er sollte nur ihren Oberkörper umarmen, weil dies leichter fällt. Ist das Mädchen erwachsen oder kennt der Mann sie schon einige Zeit, kann er sie beim Schein einer Lampe umarmen. Kennt er sie aber nicht gut, oder ist sie noch sehr jung, sollte er sie in der Dunkelheit umarmen.

Akzeptiert das Mädchen die Umarmung, sollte der Mann ihr eine

„Tambula“, einen Strauß Betelnüsse und -blätter, in den Mund legen. Lehnt sie ab, sollte er sie zu ihren Füßen kniend mit überzeugenden Worten, Bitten und Schwüren überreden, denn es ist eine universelle Regel, dass eine Frau niemals einen vor ihr knienden Mann ignoriert, so schamvoll oder wütend sie auch sein mag. Beim Überreichen der Tambula sollte er sie sanft und elegant auf den Mund küssen, ohne dabei ein Geräusch zu machen. Wenn sie dies zulässt, sollte er sie zum Reden bringen, indem er Fragen zu Dingen stellt, von denen er tatsächlich oder angeblich nichts weiß, und die mit wenigen Worten zu beantworten sind. Wenn sie ihm nicht antwortet, sollte er sie nicht ängstigen, sondern mit beruhigender Stimme wieder und wieder fragen. Antwortet sie dann immer noch nicht, sollte er sie zu einer Antwort drängen, denn, wie Ghotakamukha sagt: „Alle Mädchen hören alles, was die Männer zu ihnen sagen, sprechen aber manchmal selbst kein einziges Wort.“ Wird sie derartig bedrängt, sollte das Mädchen mit Kopfschütteln antworten, außer sie hat mit dem Mann gestritten. Wenn der Mann sie fragt, ob sie ihn begehrt und ob sie ihn mag, sollte sie über eine lange Zeit schweigen. Wird sie schließlich zu einer Antwort gedrängt, sollte ihm eine zustimmende Antwort in Form eines Kopfnickens geben. Besteht schon ein gewisses Vertrauensverhältnis, sollte er sich der Hilfe einer beiderseitigen Freundin versichern und die Konversation mit beiden fortsetzen. Bei dieser

Gelegenheit sollte das Mädchen mit gesenktem Kopf lächeln, und wenn die Freundin mehr über sie sagt, als ihr lieb ist, sollte sie sie schelten und mit ihr streiten. Die Freundin sollte im Spaß Dinge sagen, die dem Mädchen nicht recht sind, und hinzufügen: „So sagt sie". Daraufhin sollte das Mädchen kaum hörbar sagen: „Oh nein, das habe ich nicht gesagt" und dann lächeln und ihm einen verstohlenen Blick zuwerfen.

Ist das Mädchen mit dem Mann vertraut, sollte sie die eventuell erbetene Tambula, die Salbe oder die Girlande wortlos neben ihn legen oder an seiner Kleidung befestigen. Dabei sollte der Mann ihre jungen Brüste leicht mit den Nägeln berühren. Wenn sie ihm dies verbietet, sollte er sagen: „Ich werde es nicht wieder tun, wenn ich

Der Mann sollte ihre jungen Brüste leicht mit den Nägeln berühren. Wenn sie ihm dies verbietet, sollte er sagen: „Ich werde es nicht wieder tun, wenn ich dich umarmen darf“ und sie so dazu bringen, ihn zu umarmen.

dich umarmen darf“ und sie so dazu bringen, ihn zu umarmen. Während der Umarmung sollte er sie wiederholt streicheln. Er sollte sie langsam auf seinen Schoß ziehen und mehr und mehr ihre Zustimmung erlangen. Will sie ihm nicht folgen, sollte er sie ängstigen, indem er sagt: „Ich werde Zahn- und Nagelmale auf deinen Lippen und Brüsten hinterlassen und dann die gleichen Male auf meinem Körper machen und allen sagen, du hättest sie gemacht. Was wirst du dann sagen?“ Auf diesem und anderem Wege sollte der Mann sie für sich gewinnen, so wie man Angst und Vertrauen im Geist von Kindern erzeugt.

Wenn ihr Vertrauen in der zweiten und dritten Nacht weiter gewachsen ist, sollte er ihren ganzen Körper mit seinen Händen berühren und küssen. Er sollte seine Hände auch auf ihre Schenkel legen und sie einsalben. Gelingt ihm dies, sollte er als Nächstes ihre Kniebeugen salben. Will sie ihn davon abhalten, sollte er sagen: „Was soll daran schlimm sein?“ und sie weiter überreden. Gelingt auch das, sollte er ihre intimen Bereiche berühren, ihr Unterkleid lösen und heben. Er sollte dabei die verschiedensten Vorwände finden, aber noch nicht die eigentliche Vereinigung suchen. Als Nächstes sollte er sie in den vierundsechzig Künsten unterrichten, ihr sagen, wie sehr er sie liebt und ihr von seinen Hoffnungen in Bezug auf sie berichten. Er sollte ihr auch

> In der zweiten und dritten Nacht sollte er ihren ganzen Körper mit seinen Händen berühren.

anhaltende Treue versprechen und ihre Bedenken hinsichtlich von Rivalinnen zerstreuen. Hat er schließlich ihre Schamhaftigkeit überwunden, sollte er sich mit ihr vereinigen, ohne sie zu verschrecken. Soviel zum Erzeugen von Vertrauen in einem Mädchen. Auch zu diesem Thema existieren einige Verse:

„Ein Mann, der sich nach den Wünschen eines Mädchens richtet, sollte versuchen, sie so zu gewinnen, dass sie ihn liebt und ihm vertraut. Ein Mann wird ein Mädchen weder gewinnen, indem er sich völlig ihrem Willen beugt, noch, indem er sie einfach überwältigt. Deshalb sollte er den goldenen Mittelweg wählen. Ein Mann, der weiß, wie er sich die Zuneigung einer Frau sichert und gleichzeitig ihren Stolz achtet und so

ihr Vertrauen gewinnt, wird bald von ihr geliebt werden. Den aber, der sie verachtet, wird sie für ein Tier halten. Wird ein Mädchen außerdem mit Gewalt von einem Mann genommen, der die Herzen der Mädchen nicht kennt, wird es nervös, ängstlich und verwirrt. Plötzlich wird es den Mann hassen und dann, wenn seine Liebe nicht verstanden oder erwidert wird, wird es entweder alle Männer hassen oder aus Hass für den eigenen Mann anderen hinterherlaufen."

> Ein Mann, der weiß, wie er sich die Zuneigung einer Frau sichert … wird bald von ihr geliebt werden.

Die Werbung und die äußeren Zeichen und Handlungen der Zuneigung

Ein armer Mann von gutem Charakter, ein Mann aus einer niedrigen Kaste mit mittelmäßigem Charakter, ein wohlhabender Nachbar und einer, der unter der Knute seines Vaters, seiner Mutter oder seiner Brüder steht, können nur versuchen, eine Freundin aus Kindertagen für die Ehe zu gewinnen. So sollte ein Mann, der getrennt von seinen Eltern bei seinem Onkel lebt, versuchen, die Tochter des Onkels oder ein anderes ihm bereits bekanntes Mädchen zu gewinnen, selbst wenn sie einem anderen versprochen sein sollte.

Diese Art, ein Mädchen zu gewinnen, ist laut Ghotakamukha nicht anstößig, da über sie ebenso Dharma erworben werden kann wie mit jeder anderen Art der Heirat.

Wenn ein Junge so begonnen hat, um das geliebte Mädchen zu werben, sollte er seine Zeit mit ihr verbringen und sie mit verschiedenen ihrem Alter und ihrer Bekanntschaft angemessenen Spielen und Vergnügungen unterhalten, wie zum Beispiel Blumenpflücken, Girlandenknüpfen, Rollenspielen, Würfelspielen, Kartenspielen, Stein, Schere und Papier, Mittelfingerfangen, das Spiel der sechs Kiesel und anderen üblichen Spielen, die dem Mädchen Spaß machen. Darüber hinaus sollte er mit anderen Kindern, dem Mädchen und den Dienerinnen Gruppenspiele spielen, wie zum Beispiel Verstecken,

„Wenn
ein Junge so
begonnen hat, um
das geliebte Mädchen
zu werben, sollte er
seine Zeit mit ihr
verbringen und sie
mit verschiedenen …
Spielen und
Vergnügungen
unterhalten.“

Dingesuchen, Blinde Kuh, Turnübungen und so weiter. Er sollte auch allen Frauen gegenüber äußerst freundlich sein, denen das Mädchen vertraut, und auch neue Bekanntschaften knüpfen. Vor allem aber sollte er die Tochter der Amme des Mädchens mit Freundlichkeit und kleinen Aufmerksamkeiten für sich gewinnen, denn dann wird sie sich nicht als Hindernis erweisen, selbst wenn sie hinter seine Pläne kommt, sondern kann sich sogar als nützlich für das Zustandekommen der Verbindung erweisen. Obwohl sie den wahren Charakter des Jungen kennt, spricht sie Eltern und Verwandten des Mädchens gegenüber nur von seinen vielen hervorragenden Eigenschaften, selbst wenn er das gar nicht von ihr verlangt.

Der Mann sollte dem Mädchen jeden Gefallen tun und ihr beschaffen, was immer sie sich wünscht. So sollte er ihr beispielsweise seltene Spielsachen schenken, wie zum Beispiel einen bunten Ball oder Puppen aus Stoff, Holz, Büffelhorn, Elfenbein, Wachs, Mehl oder Ton; Kochutensilien; Holzfiguren von Männern und Frauen, Widdern, Ziegen oder Schafen; Tempel für verschiedene Göttinnen aus Ton, Bambus oder Holz; Käfige für Papageien, Kuckucke, Stare, Wachteln, Hähne und Rebhühner; anmutige Wassergefäße; Lauten; Bilderständer; verschiedene Schminkutensilien sowie Sandelholz,

Der Mann sollte dem Mädchen jeden Gefallen tun und ihr beschaffen, was immer sie sich wünscht.

Safran, Betelnüsse und -blätter. Solche Dinge sollte er ihr schenken, wann immer sich die Gelegenheit ergibt, sie in der Öffentlichkeit zu treffen. Kurz gesagt sollte er alles unternehmen, damit sie in ihm einen Mann sieht, der alles für sie tut.

Im nächsten Schritt sollte er versuchen, sie dazu zu bewegen, ihn privat zu treffen, und ihr sagen, er müsse ihr die Geschenke heimlich überreichen, weil er Angst vor der Missbilligung ihrer beider Eltern habe, und hinzufügen, dass die Geschenke auch von anderen sehr begehrt seien. Wenn ihre Liebe erkennbar wächst, sollte er ihr mit ihrer Erlaubnis angenehme Geschichten erzählen. Wenn sie Spaß an Gauklerei hat, sollte er sie mit verschiedenen Jongliertricks überraschen. Ist sie an den Künsten interessiert, sollte er sein eigenes Können darin unter Beweis stellen. Wenn sie gerne singt, sollte er sie mit Musik unterhalten und mit ihr zu Vollmondfesten und Prozessionen gehen. Kehrt sie nach einer Abwesenheit nach Hause zurück, sollte er ihr Blumensträuße, Perlenkränze für den Kopf, Ohrringe und Ringe schenken, denn dies sind die richtigen Momente für solche Geschenke.

Er sollte auch die Tochter der Amme des Mädchens in allen vierundsechzig Künsten der Lust unterrichten, die Männer praktizieren, und sie in diesem Zusammenhang über sein großes Können in der Kunst der sexuellen Vergnügung informieren. Dabei sollte er immer feine Kleidung tragen und auf eine möglichst vorteilhafte Erscheinung achten, denn junge Frauen lieben gut aussehende und angezogene Männer an ihrer Seite. Es stimmt nämlich nicht, dass Frauen auch dann nicht versuchen, das Objekt ihrer Begierde für sich zu gewinnen, wenn sie sich verlieben.

Ein Mädchen zeigt ihre Liebe tatsächlich durch diese äußeren Anzeichen und Handlungen: Sie sieht dem Mann nie ins Gesicht und errötet, wenn er sie ansieht; sie lässt ihn unter einem Vorwand ihre Glieder sehen; sie sieht ihn heimlich an, auch wenn er von ihrer Seite gegangen ist; sie senkt den Kopf, wenn er eine Frage an sie richtet, und antwortet in undeutlichen Worten und unvollständigen Sätzen; sie genießt seine Gegenwart über eine lange Zeit hinweg; sie spricht in einem besonderen Ton mit ihren Begleiterinnen, in der Hoffnung, seine

Aufmerksamkeit zu erregen, wenn er sich in einiger Entfernung aufhält und keine Neigung zeigt, diesen Platz zu verlassen; sie zeigt ihm unter einem Vorwand verschiedene Dinge, erzählt ihm sehr langsam Geschichten, um länger mit ihm sprechen zu können; sie küsst und umarmt in seiner Anwesenheit ein Kind, das auf ihrem Schoß sitzt; sie schmückt die Stirnen ihrer Dienerinnen mit Ornamenten; sie vollführt sportliche oder anmutige Bewegungen, wenn ihre Begleiterinnen sie scherzend auf die Anwesenheit ihres Geliebten ansprechen; sie vertraut sich den

> Er sollte immer feine Kleidung tragen und auf eine möglichst vorteilhafte Erscheinung achten.

Freunden ihres Geliebten an, respektiert sie und gehorcht ihnen; sie ist freundlich zu seinen Dienern, spricht mit ihnen und stellt sie an, als wäre sie ihre Herrin, und hört aufmerksam zu, wenn sie anderen gegenüber über ihren Geliebten sprechen; sie lässt sich von der Tochter ihrer Amme dazu überreden, sein Haus zu betreten, und spricht und spielt in ihrer Gegenwart mit ihm; sie will von ihrem Geliebten nicht gesehen werden, wenn sie nicht gekleidet und geschmückt ist; sie lässt ihm durch eine Freundin einen Ohrring, einen Ring oder einen Blumenkranz überreichen, um den er gebeten hat; wenn er ihr etwas geschenkt hat, trägt sie es dauernd; sie erschreckt, wenn ihre Eltern einen anderen Bräutigam erwähnen und lässt sich nicht mit dessen Bekannten und Freunden ein.

> Hat ein Mann die Gefühle eines Mädchens … wahr-genommen …, sollte er alles tun, um die Verbindung einzugehen.

Auch zu diesem Thema existieren zwei Verse:

„Hat ein Mann die Gefühle eines Mädchens ihm gegenüber wahrgenommen und hat er die äußeren Zeichen und Handlungen erkannt, mit denen sie diese Gefühle ausdrückt, sollte er alles in seiner Kraft Stehende tun, um die Verbindung mit ihr einzugehen. Er sollte ein junges Mädchen mit kindlichen Spielen gewinnen, eine junge Dame seines Alters mit seiner Beherrschung der Künste und ein Mädchen, das ihn liebt, auf dem Umweg über ihre Vertrauten."

Dinge, die der Mann zu tun hat, um das Mädchen für sich zu gewinnen, sowie Dinge, die das Mädchen tun muss, um einen Mann an sich zu fesseln

Wenn ein Mädchen also beginnt, ihre Liebe mit den im letzten Kapitel beschriebenen äußeren Zeichen und Handlungen zu zeigen, sollte der Geliebte sie mit den folgenden Mitteln und Wegen vollständig für sich zu gewinnen suchen:

Bei Gesellschaftsspielen ergreift er absichtsvoll ihre Hand. Er sollte auch die in einem früheren Kapitel beschriebenen verschiedenen Arten der Umarmung versuchen. Er sollte ihr immer wieder aus Blättern geschnittene Umrisse von Paaren zeigen. Beim Wassersport sollte er in einiger Entfernung von ihr untertauchen und dann nahe bei ihr wieder auftauchen. Er sollte zunehmenden Gefallen am neuen Laub der Bäume und ähnlichen Dingen zeigen. Er sollte ihr den Liebeskummer beschreiben, den er ihretwegen empfindet. Er sollte ihr von einem schönen Traum erzählen, in dem andere Frauen vorkamen. Bei Feiern und Versammlungen seiner Kaste sollte er dicht bei ihr sitzen, sie unter dem einen oder anderen Vorwand berühren, seinen Fuß auf ihren legen, langsam ihre Zehen eine nach der anderen drücken und dann gegen ihre Zehennägel drücken; hat er damit Erfolg, sollte er ihren Fuß in die Hand nehmen und die Liebkosung wiederholen. Wenn sie seine Füße wäscht, sollte einen ihrer Finger zwischen seinen Zehen

Wenn
das Mädchen
beginnt, ihre Liebe
mit äußeren Zeichen
und Handlungen
zu zeigen, sollte
der Geliebte sie
mit verschiedenen
Mitteln und Wegen
vollständig für sich
zu gewinnen
suchen.

festhalten. Wann immer er ihr etwas gibt oder etwas von ihr erhält, sollte er ihr durch sein Verhalten und seine Blicke zeigen, wie sehr er sie liebt.

Er sollte sie mit Wasser besprühen, das ihm zum Spülen des Mundes gereicht wurde. Wenn er mit ihr an einem einsamen Ort oder in der Dunkelheit alleine ist, sollte er sie liebkosen und ihr von seinen wahren Gefühlen erzählen, ohne sie in irgendeiner Weise unter Druck zu setzen.

Wenn er mit ihr auf der gleichen Bank oder dem gleichen Bett sitzt, sollte er zu ihr sagen: „Ich muss dir etwas im Vertrauen sagen" und ihr dann eher mit Haltung und Zeichen als mit Worten seine Liebe gestehen. Wenn er ihre Gefühle ihm gegenüber kennt, sollte er vorgeben, krank zu sein, und sie zu seinem Haus kommen lassen, um mit ihr zu sprechen. Dort sollte er ihre Hand ergreifen und über seine Augen und Stirn legen. Unter dem Vorwand, eine Medizin für ihn zuzubereiten, sollte er sie mit den folgenden Worten bitten: „Diese Aufgabe kannst nur du übernehmen und keine andere.“ Wenn sie gehen will, sollte er sie mit der eindringlichen Bitte gehen lassen, ihn bald wieder zu besuchen. Diese Täuschung sollte drei Tage und drei Nächte anhalten. Wenn sie in der Folge regelmäßig zu Besuch kommt, sollte er lange Gespräche mit ihr führen, denn Ghotakamukha sagt: „Ein Mann kann ein Mädchen noch

> Allein mit ihr an einem einsamen Ort oder in der Dunkelheit, sollte er sich mit ihr vereinigen.

so sehr lieben, er wird sie nur über viele Gespräche gewinnen können.“ Wenn der Mann sie schließlich für sich gewonnen hat, kann er beginnen, sich mit ihr zu vereinigen. Was die Meinung angeht, Frauen seien abends, nachts und in der Dunkelheit weniger furchtsam als sonst, würden dem Wunsch das Mannes nach Vereinigung lustvoll entgegenkommen und sollten nur zu diesen Stunden genossen werden, so ist dies reines Gerede.

Wenn der Mann alleine nicht zum Ziel kommt, sollte er über die Tochter ihrer Amme oder eine gute Freundin dafür sorgen, dass sie zu ihm kommt, ohne von seinen Absichten zu ahnen, und dann wie oben beschrieben vorgehen. Er kann auch am Anfang seine eigene Dienerin als Freundin zu

Sanskrit: Wenn du unter mehreren gleichermaßen geeigneten Freiern einen Bräutigam wählen musst – nimm den, der dich am meisten liebt.

dem Mädchen schicken und sie mit deren Hilfe für sich gewinnen.

Wenn er schließlich ihre Gefühle für ihn anhand ihres Verhaltens ihm gegenüber bei religiösen Festen, Hochzeitsfeiern, Jahrmärkten, Prozessionen, Theateraufführungen, öffentlichen Versammlungen und ähnlichen Gelegenheiten kennt, sollte er sich ihr nähern, denn Vatsyayana erklärt, dass Frauen sich nicht von ihrem Liebsten abwenden, wenn er sich ihnen im richtigen Moment und am geeigneten Ort nähert.

Wenn ein Mädchen von gutem Charakter und guter Erziehung, das aber in eine bescheidene oder verarmte Familie hineingeboren ist und deshalb von ihresgleichen nicht begehrt wird, oder aber ein Mädchen, das von seinen Eltern getrennt ist oder sie verloren hat, aber die Regeln seiner Familie und Kaste einhält, mit Eintritt ins Erwachsenenalter zu heiraten wünscht, sollte ein solches Mädchen versuchen, einen starken und gut aussehenden Mann oder einen Mann zu heiraten, der sie auch ohne die Zustimmung seiner Eltern heiratet. Sie sollte sich diesen Mann gewogen machen und ihn regelmäßig zu treffen versuchen. Auch ihre Mutter sollte sie mithilfe ihrer Freundinnen sowie der Tochter ihrer Amme regelmäßig zusammenbringen. Das Mädchen selbst sollte dafür sorgen, an einem stillen Ort mit ihrem Geliebten zusammenzutreffen und ihm gelegentlich Blumen, Betelnüsse und

Auch wenn das Mädchen den Mann liebt, sollte sie sich nicht anbieten oder die ersten Schritte machen.

-blätter sowie Parfüm zu schenken. Auch sollte sie ihre Gewandtheit in den Künsten, im Haarewaschen und in den Nagel- und Zahnmalen demonstrieren. Sie sollte mit ihm über Themen sprechen, die ihn interessieren, und Mittel und Wege diskutieren, die Zuneigung eines Mädchens zu gewinnen.

Einige alte Autoren sagen allerdings, dass ein Mädchen sich nicht selbst anbieten oder die ersten Schritte unternehmen sollte, so sehr es den Mann auch liebt, denn auf diese Weise verliert es seine Würde und riskiert Verachtung und Zurückweisung. Wenn ein Mann aber Interesse an ihr zeigt, sollte sie freundlich zu ihm sein, ihr Verhalten nicht verändern, wenn er sie umarmt und alle Zeichen seiner Liebe hinnehmen, als ahne sie nichts von seinen Absichten. Versucht er aber, sie zu küssen, sollte sie ihn

„Ein von
vielen begehrtes
Mädchen sollte
den Mann heiraten,
den sie mag und
bei dem sie
sicher ist, dass er
ihr ergeben ist und
ihr Vergnügen
bereiten
kann.“

abwehren; wenn er um die sexuelle Vereinigung fleht, sollte sie ihn unter größten Schwierigkeiten nur ihre Scham berühren lassen. Und auch wenn er sie bedrängt, sollte sie sich ihm nicht freiwillig übergeben, sondern seinen Versuchen widerstehen. Sie sollte sich ihm nur dann ergeben und ihn zu einer schnellen Heirat überreden, wenn sie sich seiner Liebe und Zuneigung absolut sicher ist. Nachdem sie ihre Jungfräulichkeit verloren hat, sollte sie ihren engen Freundinnen davon erzählen.

Damit endet die Betrachtung der Bemühungen eines Mädchens, einen Mann zu gewinnen.

Auch zu diesem Thema existieren einige Verse:

„Ein von vielen begehrtes Mädchen sollte den Mann heiraten, den sie mag und bei dem sie sicher ist, dass er ihr ergeben ist und ihr Vergnügen bereiten kann. Wenn aber ein Mädchen aus Streben nach Reichtum von ihren Eltern an einen reichen Mann verheiratet wird, ohne seinen Charakter oder sein Aussehen in Betracht zu ziehen, oder wenn sie einem Mann mit mehreren Frauen übergeben wird, wird sie sich nie zu dem Mann hingezogen fühlen, selbst wenn er von gutem Charakter, gehorsam, aktiv, stark, gesund und gewillt ist, ihr in jeder Hinsicht zu gefallen. Ein armer und unattraktiver Ehemann, der aber fügsam und doch sein eigener Herr ist, ist besser als einer, der mit vielen Frauen gemein ist, sei er auch gut aussehend und anziehend. Die Frauen reicher Männer, die mehrere Frauen haben, sind ihren Ehemännern in der Regel nicht sonderlich verbunden oder nahe. Und auch wenn sie alle äußerlichen

Annehmlichkeiten des Lebens genießen, so wenden sie sich doch anderen Männern zu. Ein Mann von niedriger Gesinnung, der seinen gesellschaftlichen Stand verloren hat und viel reist, verdient es nicht, geheiratet zu werden. Das Gleiche gilt für einen mit vielen Frauen und Kindern und einen, der dem Sport und Glücksspiel zuneigt und der nur zu seiner Frau kommt, wenn ihm danach ist. Von allen Liebhabern eines Mädchens eignet sich nur der zum Ehemann, der die von ihr bevorzugten Eigenschaften besitzt, und ein solcher Ehemann besitzt nur deshalb die Herrschaft über sie, weil er der Ehemann aus Liebe ist."

WIE MAN SICH FÜR ANDERE ATTRAKTIV MACHT

Der persönliche Schmuck, das Beugen der Herzen anderer und die stärkenden Mittel

Wenn jemand mit keiner der bisher beschriebenen Methoden das Ziel seiner Wünsche erreichen kann, muss er zu anderen Mitteln greifen, um sich selbst für andere attraktiv zu machen.

Die natürlichen und wichtigsten Eigenschaften, die jemanden in den Augen anderer Menschen attraktiv machen, sind vor allem gutes Aussehen, Charakter, Jugend und Freigiebigkeit. Fehlen diese aber, muss sich ein Mann oder eine Frau künstlicher Mittel oder der Kunst bedienen:

a Eine Paste aus der Windmühlengardenie, dem Kostwurz und der *Flacourtia cataphracta* kann als schmückende Salbe verwendet werden.

b Wenn aus den oben genannten Pflanzen ein feines Pulver hergestellt und auf dem Docht einer Lampe mit Kupfersulfat verbrennt, kann der Ruß als sehr attraktiver Lidschatten aufgetragen werden.

c Das Öl von Bärenklau, *Echites putescens*, Sarinapflanze, gelbem Amaranth und Seerosenblatt hat auf dem Körper dieselbe Wirkung.

d Ein schwarzes Pigment aus den gleichen Pflanzen hat eine ähnliche Wirkung.

„Wenn jemand mit keiner der bisher beschriebenen Methoden das Ziel seiner Wünsche erreichen kann, muss er zu anderen Mitteln greifen, um sich selbst für andere attraktiv zu machen."

E Durch den Verzehr eines Pulvers aus *Nelumbium speciosum,* dem blauen Lotus, und der *Mesna roxburghii* mit Ghee und Honig erscheint ein Mann in den Augen anderer liebenswert.

F Die obigen Zutaten zeitigen als Salbe zusammen mit *Tabernaemontana coronaria* und *Xanthochymus pictorius* die gleichen Resultate.

G Trägt ein Mann einen mit Gold überzogenen Knochen eines Pfaus oder einer Hyäne an der rechten Hand, erscheint er für andere attraktiv.

H Eine Perle aus dem Samen der Jujube oder aus einem Fechterschneckenhaus, die von einem Magier verzaubert wurde und an die Hand gebunden getragen wird, liefert die gleichen Ergebnisse wie oben beschrieben.

i Wenn eine Dienerin die Pubertät erreicht, sollte ihr Meister sie wegschließen. Wenn Männer sie dann brennend begehren, weil sie eingeschlossen und schwer zu erreichen ist, sollte er ihre Hand jemandem geben, der ihr Reichtum und Glück schenken kann.

Dies ist ein Mittel, die Attraktivität einer Person in den Augen anderer zu steigern.

Wenn die Tochter einer Kurtisane die Pubertät erreicht, sollte ihre Mutter viele junge Männer gleichen Alters, Charakters und Wissens zusammenrufen und die Hand ihrer Tochter demjenigen versprechen, der bestimmte Geschenke bringt.

Danach sollte die Tochter so weit wie möglich von der Öffentlichkeit abgeschirmt werden und ihre Mutter sollte sie dem Mann übergeben, der bereit ist, die vereinbarten Geschenke zu bringen. Kann die Mutter nicht so viel aus dem Mann herausholen, sollte sie den Fehlbetrag aus eigener Tasche vorschießen.

Die Mutter kann ihre Tochter insgeheim heiraten lassen und vorgeben, nichts davon zu wissen. Dann kann sie so tun, als habe sie es gerade erst erfahren und der Verbindung zustimmen.

Auch die Tochter sollte sich ohne das Wissen der Mutter für die Söhne reicher Bürger attraktiv machen und ihre Zuneigung gewinnen. Zu diesem Zweck sollte sie sie zur Zeit des Gesangsunterrichts an Orten treffen, wo Musik gespielt wird, und dann ihre Mutter über eine Freundin oder Dienerin um die Erlaubnis bitten, sich mit dem Mann verbinden zu dürfen, der ihr am meisten gefällt.[1]

Wenn die Tochter einer Kurtisane auf diese Weise vermählt wurde, sollten die Ehepflichten ein Jahr lang beachtet werden. Danach kann sie tun, was ihr beliebt. Aber selbst wenn sie anschließend neu heiratet, muss sie ihren gegenwärtigen Mann verlassen und die Nacht mit ihrem ersten Ehemann verbringen, wenn er das fordert.

Dies ist die vorübergehende Heirat der Kurtisanen, die ihren Liebreiz und Wert in den Augen anderer steigert. Das über sie Gesagte gilt auch für die Töchter von Tänzerinnen, deren Mütter sie nur an Personen geben sollten, die ihnen in irgendeiner Weise nützlich werden können.

1 Es war bei den asiatischen Kurtisanen üblich, ihre Töchter vorübergehend zu verheiraten, nachdem sie im Kamasutra und anderen Künsten ausgebildet und alt genug waren.

Hiermit endet die Betrachtung der Methoden, sich selbst in den Augen anderer attraktiv zu machen.

a Wenn ein Mann seinen Lingam vor der Vereinigung mit einer Mischung aus dem Pulver von Stechapfel, Indischem Pfeffer und Schwarzem Pfeffer sowie mit etwas Honig einreibt, macht er sich den Willen einer Frau bei der sexuellen Vereinigung untertan.

b Die gleiche Wirkung erzielt ein Mann mit einer Mischung aus der Pflanze Vatodbhranta, den auf einen menschlichen Leichnam auf dem Weg zur Verbrennung geworfenen Blüten und dem Pulver aus den Knochen des Pfaus und des Jiwanjiva-Vogels.

c Die gleiche Wirkung erzielt ein Mann mit den pulverisierten Überresten eines auf natürliche Weise verendeten Geierweibchens, gemischt mit Kratzbohnen und Honig.

d Reibt ein Mann sich mit einer Salbe aus dem Amlabaum ein, hat er die Macht, den Willen von Frauen zu unterwerfen.

e Wenn ein Mann die Sprossen der Vajnasunhi-Pflanze klein schneidet und in eine Mischung aus roter Arsenblende und Schwefel taucht, sieben Mal trocknet und dieses Pulver mit Honig gemischt auf seinen Lingam aufträgt, kann er eine Frau direkt nach der Vereinigung seinem Willen unterwerfen. Verbrennt er diese Sprossen bei Nacht und sieht er durch den Rauch den goldenen Mond, wird er bei jeder Frau Erfolg haben. Mischt er das Pulver dieser Sprossen

„Reibt ein
Mann sich mit
einer Salbe aus
dem Amlabaum ein,
hat er die Macht,
den Willen von
Frauen zu
unterwerfen."

mit Affenkot und streut die Mischung auf den Kopf einer Jungfrau, wird sie keinen anderen heiraten.

F Werden Wurzelstücke der Schwertlilie mit Mangoöl angemacht, sechs Monate in den hohlen Stamm eines Palisanderbaums gelegt und anschließend, zu einer Salbe zerrieben, auf den Lingam aufgetragen, dient dies zur Unterwerfung von Frauen.

G Verbrennt man einen Kamelknochen, der in den Saft der Mehlblume getaucht wurde, und bewahrt man das schwarze Pigment aus der Asche in einer Schatulle aus Kamelknochen auf, kann man es mit Antimon mischen und mit einem Pinsel aus Kamelknochen auf die Augenlider auftragen. Es gilt dann als äußerst rein und wohltuend für die Augen und soll andere dem eigenen Willen gefügig machen. Die gleiche Wirkung erzielt man mit den Knochen von Habichten, Geiern und Pfauen.

Hiermit endet die Betrachtung der Methoden, den Willen anderer dem eigenen zu unterwerfen.

Zur Steigerung der eigenen sexuellen Kraft stehen folgende Mittel zur Verfügung:

a Ein Mann gewinnt sexuelle Kraft, indem er Milch mit Zucker, der Wurzel der Uchchata-Pflanze, *Piper chaba* und Süßholz trinkt.

b Milch mit Zucker, in der Widder- oder Ziegenhoden gekocht wurden, stellt ebenfalls die Manneskraft wieder her.

c Der Saft aus Süßklee, Kuili und Kshirika, gemischt mit Milch, erzeugt die gleiche Wirkung.

d Die Samen des indischen Pfeffers, des Bogenhanfs und des Süßklees, zerstoßen und mit Milch vermischt, erzeugen die gleiche Wirkung.

e Wenn ein Mann die Samen oder Wurzeln der Wassernuss, der Kasurika und des Arabischen Jasmin sowie Süßholz zerstößt und mit Kshirikapoli (eine Art Zwiebel) mischt, das Pulver in Milch mit Zucker und Ghee kocht und die Paste trinkt, kann er unzählige Frauen beglücken.

f Wenn ein Mann eine Mischung aus Reis und Spatzeneiern in Milch kocht, Ghee und Honig einrührt und so viel wie nötig davon trinkt, erzielt er den gleichen Effekt.

g Wenn ein Mann die Spelzen von Sesamkörnern in Spatzeneiern einweicht, in Milch mit Zucker, Ghee, Wassernüssen und den Früchten der Kasurika-Pflanze kocht, Weizen- und Bohnenmehl einrührt und die Mischung trinkt, kann er viele Frauen befriedigen.

h Wenn Ghee, Honig, Zucker und Süßholz zu gleichen Teilen mit Fenchelsaft und Milch gemischt werden, soll diese nektarartige, süße Mischung heilig sein und die Manneskraft erwecken.

i Die gleiche Wirkung erzielt man mit einer Paste aus Spargel, der Shvadaushtra-Pflanze, der Guduchi-

Pflanze, indischem Pfeffer und Süßholz, die in Milch, Honig und Ghee gekocht und im Frühling getrunken wird.

j Trinkt man eine gekochte Mischung aus Spargel, Shvadaushtra-Pflanze und zerstoßenen Früchten der *Premna spinosa,* erzielt man die gleiche Wirkung.

k Trinkt man im Frühling morgens Ghee, geklärte Butter, fördert man Gesundheit und Stärke.

l Mischt man zerstoßene Samen der Shvadaushtra-Pflanze mit Gerstenmehl und isst jeden Morgen nach dem Aufstehen eine zwei Palas entsprechende Menge davon, erzielt man die gleiche Wirkung wie mit dem vorigen Rezept.

Auch zu diesem Thema existieren einige Verse:

„Die Mittel[2] zum Hervorrufen von Liebe und Manneskraft sollten aus den medizinischen Werken, den Veden, von erfahrenen Zauberern und von vertrauenswürdigen Verwandten erlernt werden. Es sollten keine Mittel angewendet werden, deren Wirkung zweifelhaft ist, die Verletzungen verursachen können oder zum Kontakt mit unreinen Dingen führen. Es dürfen nur Mittel angewendet werden, die als heilig anerkannt und von den Brahmanen gesegnet worden sind.“

2 Die asiatischen Autoren befassen sich schon seit frühester Zeit mit Aphrodisiaka. Der folgende Auszug stammt von Seite 29 der *Ananga Ranga:* „Die meisten östlichen Abhandlungen unterteilen Aphrodisiaka in zwei Typen: (1) die mechanischen oder natürlichen, wie Hautritzen, Auspeitschen etc. und (2) die medizinischen oder künstlichen. Zu den Ersteren zählt der Einsatz von Insekten, wie bei einigen wilden Stämmen üblich. Alle Orientalisten erinnern sich an die Geschichte vom alten Brahmanen, dessen junge Frau darauf bestand, dass er sich wiederholt von einer Wespe stechen ließ.“

„Die Mittel
zum Hervorrufen
von Liebe und
Manneskraft sollten
aus den medizinischen
Werken, den Veden,
von erfahrenen
Zauberern und von
vertrauenswürdigen
Verwandten erlernt
werden."

Die Mittel, Verlangen zu wecken, verschiedene Experimente und Rezepte

Wenn ein Mann eine Hastini, eine Elefantenkuh-Frau, nicht befriedigen kann, sollte er sich verschiedener Mittel bedienen, um ihre Leidenschaft zu entfachen. Zu Beginn sollte er ihre Yoni mit der Hand und den Fingern streicheln und nicht mit der Vereinigung beginnen, bevor sie erregt ist und Lust empfindet. Dies ist ein Weg, eine Frau zu erregen.

Er kann aber auch bestimmte Apadravyas nutzen, Dinge, die er auf oder um seinen Lingam legt, um Länge oder Dicke zu steigern und so in ihre Yoni zu passen. Babhravya zufolge sollten diese Apadravyas aus

Gold, Silber, Kupfer, Eisen, Elfenbein, Holz aller Art, Zinn oder Blei bestehen, glatt und kühl sein, die Manneskraft verdeutlichen und dem Zweck angemessen sein. Vatsyayana aber meint, sie sollten ganz nach individuellem Wunsch beschaffen sein.

Es gibt verschiedene Arten von Apadravyas:

1 „Der Armreif“ (Valaya) sollte die gleiche Größe wie der Lingam haben und Noppen auf der Außenseite tragen.

2 „Das Paar“ (Sanghati) besteht aus zwei Armreifen.

3 „Das Armband“ (Chudaka) besteht aus einer Verbindung von drei oder

mehr Armreifen, bis die gewünschte Länge des Lingam erreicht ist.

4 „Das einzelne Armband“ besteht aus einem einzelnen, passend um den Lingam gewickelten Draht.

5 Das Kantuka oder Jalaka ist eine der Größe der Yoni entsprechende, an beiden Seiten offene Röhre mit einem Loch, äußerlich rau und mit weichen Noppen besetzt, die um die Taille gebunden wird.

Ist ein solches Gerät nicht verfügbar, kann eine Röhre auch aus dem Hals des Flaschenkürbis oder einem mit Öl und Pflanzenextrakten weich gemachten Schilfrohr sowie aus zusammengebundenen weichen Holzstücken gefertigt und mit Schnur um die Taille gebunden werden.

> Er kann aber auch bestimmte ... Dinge ... auf oder um seinen Lingam legen, um Länge oder Dicke zu steigern.

Die oben genannten Dinge können zusammen mit oder anstelle des Lingam verwendet werden.

Die Menschen aus dem Süden glauben, wahre sexuelle Erfüllung ließe sich nur mit einem durchbohrten Lingam erzielen und durchbohren ihn daher, wie Ohrläppchen eines Kindes für Ohrringe durchbohrt werden.

Wenn ein junger Mann seinen Lingam durchbohren will, sollte er ein scharfes Instrument benutzen und sich dann ins kalte Wasser stellen, solange die Blutung anhält. Nachts sollte er sich sogar mit Kraft dem Beischlaf widmen, um das Loch zu reinigen.

Danach sollte er das Loch regelmäßig mit Absuden reinigen und die Öffnung nach und nach mit kleinen Rohrstücken und der *Wrightea antidysenteria* erweitern. Den gleichen Zweck erfüllen auch die Mischung von Süßholzsaft und Honig und die Fruchttriebe der Simapatra-Pflanze. Außerdem sollte das Loch mit etwas Öl gesalbt werden.

In das Loch in seinem Lingam kann der Mann Apadravyas verschiedenster Formen wie das „Runde", das „auf einer Seite Runde", den „Holzmörser", die „Blume", den „Armreif", den „Reiherknochen", den „Elefantenstock", die „Sammlung der acht Kugeln", die „Haarlocke", den „Ort, wo sich vier Straßen treffen" und weitere nach ihrer Form und Funktion benannte Dinge einführen. All diese

Apadravyas sollten auf der Außenseite angeraut sein.

Nun folgen die Methoden zur Vergrößerung des Lingam.

Will ein Mann seinen Lingam vergrößern, sollte er ihn mit den Borsten bestimmter Insekten abreiben, die auf Bäumen leben, anschließend zehn Nächte lang mit Ölen einreiben und abschließend erneut mit Borsten behandeln. Durch fortgesetzte Behandlung entsteht nach und nach eine Schwellung im Lingam und er sollte in einer Hängematte schlafen und den Lingam durch ein Loch im Stoff herabhängen lassen. Danach sollte er den Schmerz mit kühlenden Absuden lindern. Die „Suka“ genannte Schwellung wird häufig bei den

Menschen aus Drawida genutzt und hält ein Leben lang.

Wird der Lingam mit dem Sud der Lampionblume, der Shavarakandaka-Pflanze, der Jalasuka-Pflanze, Büffelbutter, der Hasticharma-Pflanze und dem Saft der Vajrarasna-Pflanze eingerieben, entsteht eine Schwellung, die einen Monat hält.

Reibt man ihn mit einem Öl aus den Absuden der oben genannten Dinge ein, hält die Wirkung sechs Monate an.

Die Vergrößerung des Lingam erreicht man auch, indem man ihn mit einem Öl einreibt oder befeuchtet, in dem die Samen des Granatapfels und der Gurke sowie die Säfte der Valuka- und der Hasti-charma-Pflanzen und der Aubergine gekocht wurden.

Weitere Mittel lassen sich aus der Erfahrung und von vertrauten Personen erlernen.

Die verschiedenen Experimente und Rezepte sind:

a Wenn ein Mann das Pulver aus der Wolfsmilch und der Kantaka-Pflanze mit Affenkot und der pulverisierten Wurzel der Lanjalika-Pflanze mischt und diese Mischung über eine Frau streut, wird sie niemanden andern mehr lieben.

b Wenn ein Mann den Saft der Früchte der Gewürzrinde und des Rosenapfels mit dem Pulver der Soma-Pflanze, tropischem Gänseblümchen, Mehlblume und der Lohopa-jihirka andickt und die Yoni einer Frau damit einreibt, wird seine Liebe zu ihr zerstört.

„Zu Beginn
sollte er ihre Yoni
mit der Hand und den
Fingern streicheln
und nicht mit der
Vereinigung
beginnen, bevor
sie erregt ist und
Lust empfindet."

c Die gleiche Wirkung tritt ein, wenn ein Mann mit einer Frau zusammenkommt, die in Büffelbuttermilch, gemischt mit dem Pulver der Gopalika-Pflanze, der Banupadika-Pflanze und des gelben Amaranth, gebadet hat.

d Eine Salbe aus den Blüten des Kadambabaums, der amerikanischen Pflaume und des Rosenapfels, die von der Frau benutzt wird, führt zur Ablehnung durch ihren Mann.

e Kränze aus den oben genannten Blüten, die von der Frau getragen werden, haben die gleiche Wirkung.

f Eine Salbe aus den Früchten des langblättrigen Sterndorns (Kokilaksha) zieht die Yoni einer Hastini (Elefantenkuh-Frau) eine Nacht lang zusammen.

g Eine Salbe aus den zerstoßenen Wurzeln der Wasserlilie und des blauen Lotus und dem Pulver der Lampionblume, gemischt mit Ghee und Honig, vergrößert die Yoni einer Mrigi (Reh-Frau).

h Eine Salbe aus den Früchten des Amlabaums, eingeweicht in Wolfsmilchsaft, Soma-Saft, Saft der Calotropis und den Saft des tropischen Gänseblümchens, lässt das Haar weiß werden.

i Der Wurzelsaft der Madayantika-Pflanze, der Schamblume und der Shlakshnaparni-Pflanze lässt als Lotion die Haare wachsen.

j Eine Salbe aus den in Öl gekochten oben genannten Wurzeln macht das Haar beim Einreiben schwarz und lässt ausgefallene Haare nachwachsen.

k Wenn Gummiharz sieben Mal im Schweiß der Hoden eines Schimmels gesättigt und auf rote Lippen aufgetragen wird, färbt es die Lippen weiß.

l Die Farbe der Lippen lässt sich mithilfe der unter **i** aufgeführten Pflanzen wiederherstellen.

m Wenn eine Frau einen Mann auf einer Schilfflöte spielen hört, die in die Säfte der Bahupadika-Pflanze, der Windmühlengardenie, des Kostwurz, der *Pinus deodora,* der Wolfsmilch, der Vajra- und der Kantaka-Pflanze getaucht wurde, wird sie seine Sklavin.

N Mischt man die Früchte des Stechapfels unter Speisen, führt dies zu einem Rausch.

O Mischt man Wasser mit Öl und der Asche irgendeines Grases (mit Ausnahme des Kusha-Grases), nimmt es die Farbe von Milch an.

P Zerstößt man gelbe Amlafrüchte, amerikanische Pflaumen, Früchte der Shrawana-Pflanze und der Priyangu-Pflanze und streicht man die Paste auf Eisentöpfe, nehmen diese eine rote Farbe an.

Q Zündet man eine Lampe mit dem Öl der Shrawana- und der Priyangu-Pflanze (mit einem Docht aus Stoff und abgelegter Schlangenhaut) an und legt lange Holzstücke daneben, werden diese Holzstücke an Schlangen erinnern.

R Die Milch einer weißen Kuh mit einem weißen Kalb verheißt Glück, Ruhm und langes Leben.

S Die Segnungen ehrenwerter Brahmanen haben dieselbe Wirkung.

Abschließend folgen noch einige Verse:

„So habe ich in wenigen Worten die Aphorismen der Liebe geschrieben, nachdem ich die Texte der alten Autoren studiert und ihre Ratschläge zur Lust befolgt habe.

Ein Mensch, der mit den wahren Prinzipien dieser Wissenschaft vertraut ist, achtet Dharma, Artha und

Kama sowie eine eigene Erfahrung ebenso wie die Lehren anderer und folgt nicht einfach seinem schlichten Verlangen. Was die Fehler in der Wissenschaft der Liebe anbetrifft, die ich in diesem Werk erwähne, so habe ich sie direkt nach der Erwähnung sorgfältig zensiert und untersagt.

Eine Handlung wird niemals gut geheißen, nur weil sie durch die Wissenschaft erlaubt ist, denn es darf nicht vergessen werden, dass die Regeln der Wissenschaft nach ihrer eigenen Intention nur in bestimmten Fällen befolgt werden sollten. Nach dem Studium der Worte von Babhravya und der anderen alten Autoren und der Bedeutung ihrer Regeln erstellte Vatsyayana, der das Leben eines Religionsschülers führte und sich ganz der Kontemplation der Göttlichkeit ergab, die *Kamasutra* nach

Ein Mensch,
der mit den wahren
Prinzipien dieser
Wissenschaft
vertraut ist und
Dharma, Artha und
Kama achtet, ... wird
mit Sicherheit die
Herrschaft über
seine Sinne
erlangen.

Ein intelligenter … Mensch, der nach den Gesetzen von Dharma, Artha und Kama lebt, … [wird] immer Erfolg … haben.

den Vorschriften der Heiligen Schriften und zum Nutzen der Welt.

Dieses Werk ist nicht als pures Instrument zur Befriedigung der Lust gedacht. Wer mit den wahren Prinzipien dieser Wissenschaft vertraut ist, sein Dharma, Artha und Kama achtet und die Praktiken der Menschen achtet, wird mit Sicherheit die Herrschaft über seine Sinne erlangen.

Kurz gesagt wird ein intelligenter und vorsichtiger Mensch, der nach den Gesetzen von Dharma, Artha und Kama lebt, ohne Sklave seiner Leidenschaften zu werden, Erfolg in all seinen Unternehmungen haben.“

Bildnachweis

Titelblatt – Nicht in den „Kamasutra" zu findende Liebesstellung; der kräftig rote Hintergrund symbolisiert intensive Leidenschaft sowie sommerliche Hitze, Rajasthan, ca. 1800, (Gouache auf Papier). Privatsammlung/Bridgeman Art Library

S. 11 – Das heimliche Vergnügen von Prinz Muhammad Agar, Sohn des Aurangzeb von Rashid, Bikaner, Rajasthan, Rajput-Schule, ca. 1678–1698, (Gouache auf Papier). Fitzwilliam Museum, University of Cambridge, UK/Bridgeman Art Library

S. 31 – Das heimliche Vergnügen von Prinz Jahandas Shah von Gopi, Bikaner, Rajasthan, Rajput-Schule, ca. 1678–1698, (Gouache auf Papier). Fitzwilliam Museum, University of Cambridge, UK/Bridgeman Art Library

S. 38 – Das heimliche Vergnügen von Prinz Bedar Bakht, Sohn des Kaisers Muhammad Azim von Gulam Quadir, Bikaner, Rajasthan, Rajput-Schule, ca. 1678–1698 (Gouache auf Papier). Fitzwilliam Museum, University of Cambridge, UK/Bridgeman Art Library

S. 45 – Ein königliches Paar schaut sich auf einem Bett auf der Palast-Terrasse tief in die Augen, Bundi, Rajasthan, Rajput-Schule, 18. Jhdt., (Gouache auf Papier). Privatsammlung/Bridgeman Art Library

S. 52 – Das heimliche Vergnügen von Prinz Khurram, Sohn des Jahangir, von Bhim Gujarati, Bikaner, Rajasthan, Rajput-Schule, ca. 1678–1698, (Gouache auf Papier). Fitzwilliam Museum, University of Cambridge, UK/Bridgeman Art Library

S. 63 – Königliche Liebende auf der nächtlichen Terrasse in der Vorwärtsbewegung, aus dem „Kamasutra", Bundi, Rajasthan, Rajput-Schule, spätes 18. Jhdt., (Gouache auf Papier). Privatsammlung/Bridgeman Art Library

S. 71 – Das heimliche Vergnügen von Prinz Parwez, Sohn des Jahangir, von Miskin, Bikaner, Rajasthan, Rajput-Schule, ca. 1678–1698 (Gouache auf Papier). Fitzwilliam Museum, University of Cambridge, UK/Bridgeman Art Library

S. 78 – Das heimliche Vergnügen von Kaiser Jahangir, von Mahesh, Bikaner, Rajasthan, Rajput-Schule, ca. 1678–1698, (Gouache auf Papier). Fitzwilliam Museum, University of Cambridge, UK/Bridgeman Art Library

S. 83 – Das heimliche Vergnügen von Raja Ram Chand, von Bhura, Bikaner, Rajasthan, Rajput-Schule, ca. 1678–1698, (Gouache auf Papier). Fitzwilliam Museum, University of Cambridge, UK/Bridgeman Art Library

S. 90 – Das heimliche Vergnügen von Prinz Jahandar, Sohn des Jahangir, von Abdul Hamid, Bikaner, Rajasthan, Rajput-Schule, ca. 1678–1698 (Gouache auf Papier). Fitzwilliam Museum, University of Cambridge, UK/Bridgeman Art Library

S. 97 – Das heimliche Vergnügen von Mirza Raza Jai Singh, von Nathu Lal, Bikaner, Rajasthan, Rajput-Schule, ca. 1678–1698, (Gouache auf Papier). Fitzwilliam Museum, University of Cambridge, UK/Bridgeman Art Library

S. 104 – Das heimliche Vergnügen von Prinz Khusrau, Sohn des Jahangir, von Natha, Bikaner, Rajasthan, Rajput-Schule, ca. 1678–1698, (Gouache auf Papier). Fitzwilliam Museum, University of Cambridge, UK/Bridgeman Art Library

S. 111 – Das heimliche Vergnügen von Raja Bhagwandas, von Kanak Singh, Bikaner, Rajasthan, Rajput-Schule, ca. 1678–1698, (Gouache auf Papier). Fitzwilliam Museum, University of Cambridge, UK/Bridgeman Art Library

S. 116 – Das heimliche Vergnügen von Danyal, Sohn des Kaisers Akbar: Der Prinz und seine Gefährtin machen Liebe auf der Palast-Terrasse, ihre Kleider liegen auf einem Hocker neben dem Bett, von Tara Chand, Bikaner, Rajasthan, Rajput-Schule, ca. 1678–1698 (Gouache auf Papier). Fitzwilliam Museum, University of Cambridge, UK/Bridgeman Art Library

S. 119 – Das heimliche Vergnügen von Raja Bhar Mal: Das Paar macht in einem Himmelbett unter freiem Himmel im Palastgarten Liebe, von Anand Agar, Bikaner, Rajput-Schule, Rajasthan, ca. 1678–1698, (Gouache auf Papier). Fitzwilliam Museum, University of Cambridge, UK/Bridgeman Art Library

S. 131 – Liebende in extravagant offener Stellung, im „Kamasutra" nicht erwähnt, Mankot, Punjab, Mitte 18. Jhdt., (Gouache auf Papier) Punjab. Privatsammlung/Bridgeman Art Library

S. 137 – Die korrekte Stellung für den weiblichen Typ Shankhini und den männlichen Typ Vrishna, von Anup Chhattar, Bikaner, Rajasthan, Rajput-Schule, ca. 1678–1698, (Gouache auf Papier). Fitzwilliam Museum, University of Cambridge, UK/Bridgeman Art Library

S. 141 – Das heimliche Vergnügen von Prinz Aurangzeb, Sohn des Shah Jahan, von Anoop Chhattar, Bikaner, Rajasthan, Rajput-Schule, ca. 1678–1698, (Gouache auf Papier). Fitzwilliam Museum, University of Cambridge, UK/Bridgeman Art Library

S. 146 – Ein Prinz bei der gemeinsamen Vereinigung, beschrieben von Vatsyayana in seinen „Kamasutra", Bundi, Rajasthan, Rajput-Schule, ca. 1800. Privatsammlung/Bridgeman Art Library

S. 153 – Das heimliche Vergnügen von Prinz Murad, Sohn des Shah Jahan, von Govardhan, Bikaner, Rajasthan, Rajput-Schule, ca. 1678–1698 (Gouache auf Papier). Fitzwilliam Museum, University of Cambridge, UK/Bridgeman Art Library

S. 158 – Das heimliche Vergnügen von Raja Dalpat Singh, von Lakroo, Bikaner, Rajasthan, Rajput-Schule, ca. 1678–1698, (Gouache auf Papier). Fitzwilliam Museum, University of Cambridge, UK/Bridgeman Art Library

S. 162 – Ein Prinz und eine Dame bei einer Kombination aus zwei Stellungen der „Kamasutra", Bundi, Rajput-Schule, 1790, (Gouache auf Papier). Privatsammlung/Bridgeman Art Library

S. 171 – Das heimliche Vergnügen von Prinz Dara Shikoh, Sohn des Shah Jahan, von Govardhan, Bikaner, Rajput-Schule, Rajasthan, ca. 1678–1698, (Gouache auf Papier) Fitzwilliam Museum, University of Cambridge, UK/Bridgeman Art Library

S. 177 – „Die Vereinigung der Krähe" aus den „Kamasutra", ekstatischer Oralverkehr zwischen einem Prinzen und einer Dame zwischen Kissen auf einem Teppich, Bundi, Rajasthan, Rajput-Schule, 1790, (Gouache auf Papier). Privatsammlung/Bridgeman Art Library

S. 183 – Das heimliche Vergnügen von Raja Todor Mal: Das Paar macht Liebe auf einem Balkon vor einer reich verzierten Wand, von Kem Karan, Bikaner, Rajasthan, Rajput-Schule, ca. 1678–1698, (Gouache auf Papier). Fitzwilliam Museum University of Cambridge, UK/Bridgeman Art Library

S. 190 – Das heimliche Vergnügen von Maharaja Bhim: Das Paar macht Liebe auf einem Himmelbett, von Govardhan, Bikaner, Rajasthan, Rajput-Schule, ca. 1678–1698, (Gouache auf Papier). Fitzwilliam Museum, University of Cambridge, UK/Bridgeman Art Library

S. 199 – Das heimliche Vergnügen von Prinz Muhammad Shah, Bikaner Rajasthan, Rajput-Schule, ca. 1678–1698, (Gouache auf Papier). Fitzwilliam Museum, University of Cambridge, UK/Bridgeman Art Library

S. 205 – Ein Paar macht Liebe in der richtigen Stellung für den Frauentyp Chitrini und den männlichen Typ Mriga, von Chitraman, Bikaner, Rajasthan, Rajput-Schule, ca. 1678–1698, (Gouache auf Papier). Fitzwilliam Museum, University of Cambridge, UK/Bridgeman Art Library

S. 213 – Das heimliche Vergnügen des Sohns des Raja Bhagwandas, von Narsingh, Bikaner, Rajasthan, Rajput-Schule, ca. 1678–1698, (Gouache auf Papier). Fitzwilliam Museum, University of Cambridge, UK/Bridgeman Art Library

S. 217 – Das heimliche Vergnügen von Raja Bir Bal: Das Paar macht Liebe auf einem mit Teppichen ausgelegten Balkon, von Har Bishan Ram, Bikaner, Rajasthan, Rajput-Schule, ca. 1678–1698, (Gouache auf Papier). Fitzwilliam Museum, University of Cambridge, UK/Bridgeman Art Library

S. 223 – Das heimliche Vergnügen des portugiesischen Generalkommandeurs, von Dharamdas, Bikaner, Rajasthan, Rajput-Schule, ca. 1678–1698, (Gouache auf Papier). Fitzwilliam Museum, University of Cambridge, UK/Bridgeman Art Library

S. 230 – Das heimliche Vergnügen von Prinz Mohammad Shuja, Sohn des Shah Jahan, von Hunhar, Bikaner, Rajasthan, Rajput-Schule, ca. 1678–1698, (Gouache auf Papier). Fitzwilliam Museum, University of Cambridge, UK/Bridgeman Art Library

S. 237 – Das Paar macht Liebe in der richtigen Stellung für den Frauentyp Padmini und den männlichen Typ Shasha, von Hunhar, Bikaner, Rajasthan, Rajput-Schule, ca. 1678–1698, (Gouache auf Papier). Fitzwilliam Museum, University of Cambridge, UK/Bridgeman Art Library

S. 244 – Das heimliche Vergnügen von Kunwar Meghraj Ji, von Lachhmi Narain, Bikaner, Rajasthan, Rajput-Schule, ca. 1678–1698, (Gouache auf Papier). Fitzwilliam Museum, University of Cambridge, UK/Bridgeman Art Library

S. 253 – „Stier unter Kühen" aus den „Kamasutra"; Ein Prinz erfreut sich an fünf Frauen, Kotah, Rajasthan, Rajput-Schule, 1800. Privatsammlung/Bridgeman Art Library

S. 260 – Das heimliche Vergnügen von Prinz Saleem, von Basawan, Bikaner, Rajasthan, Rajput-Schule, ca. 1678–1698 (Gouache auf Papier). Fitzwilliam Museum, University of Cambridge, UK/Bridgeman Art Library

S. 267 – Das heimliche Vergnügen von Kaiser Akbar: Der Kaiser und seine Gefährtin machen Liebe auf einem Bett mit Brokatkissen auf dem Balkon; im Hintergrund ein Sommerhaus mit einem Teich mit Enten und Seerosen, von Lal, Bikaner, Rajput-Schule, Rajasthan, ca. 1678–1698 (Gouache auf Papier). Fitzwilliam Museum, University of Cambridge, UK/Bridgeman Art Library

S. 271 – Das Paar macht Liebe in der richtigen Stellung für den Frauentyp Shinkhini und den männlichen Typ Vrishna, von Anup Chhattar, Bikaner, Rajasthan, Rajput-Schule, ca. 1678–1698, (Gouache auf Papier). Fitzwilliam Museum, University of Cambridge, UK/Bridgeman Art Library

S. 285 – Das heimliche Vergnügen von Maharaja Anup Singh von Bikaner, von Rashid, Bikaner, Rajasthan, Rajput-Schule, ca. 1678–1698 (Gouache auf Papier) Fitzwilliam Museum, University of Cambridge, UK/Bridgeman Art Library

S. 278 – Das heimliche Vergnügen von Raja Karan, von Pirthi, Bikaner, Rajasthan, Rajput-Schule, ca. 1678–1698, (Gouache auf Papier). Fitzwilliam Museum, University of Cambridge, UK/Bridgeman Art Library